Ludwig Anders

Der Prairiefuchs - eine Erzählung aus dem Amerikanischen

1. Band

Ludwig Anders

Der Prairiefuchs - eine Erzählung aus dem Amerikanischen
1. Band

ISBN/EAN: 9783743445161

Hergestellt in Europa, USA, Kanada, Australien, Japan

Cover: Foto ©ninafisch / pixelio.de

Manufactured and distributed by brebook publishing software
(www.brebook.com)

Ludwig Anders

Der Prairiefuchs - eine Erzählung aus dem Amerikanischen

Der Prairiefuchs.

Eine Erzählung aus dem Amerikanischen

von

Ludwig Anders.

Berlin.

Verlag von Carl Georgi.

Inhalt.

1. Kapitel.

Der Trapper und sein Gast.

Wenn man heute auf der Eisenbahn durch den Westen Nordamerikas fährt und in das Territorium Montana gelangt, so erscheint es dem Reisenden, als sinke die Sonne der Gesittung und der Kultur tiefer und tiefer und als fielen ihre Strahlen schräger und matter. — Einsam wird das Gelände auf beiden Seiten, dünner die Bevölkerung und fast ist's, als wandle man im Zwielicht der Halbkultur.

Die menschlichen Wohnungen bestehen nur aus einfachen, roh behauenen Blockhäusern, die Straßen sind von Gras und Gestrüpp überwuchert, an denen sich keine Kolonisten ansiedeln, wohl aber Bar-keeper mit ihren Schnapsläden, die merkwürdiger Weise zu jeder Tageszeit gefüllt sind und zwar mit Männern von durchaus zweifelhafter Natur. Man bemerkt hier Miner, Trapper und Cow-boys, d. h. Viehhirten, deren verwahrloste, schauerlich romantische Tracht die Aufmerksamkeit aller Reisenden im hohen Maße erregt.

Auch im Eisenbahnwagen ist es unheimlich. Überall ragen über die Lehnen der Sitze himmelwärts bestiefelte

Beine, und während nach links und rechts Ströme von Tabakssaft spritzen, erschallen um geringfügiger, ganz miserabler Dinge halber „meterlange," gräßliche Flüche.

Damals, zur Zeit der nachfolgenden Erzählung, war Montana noch weniger bevölkert als heutzutage. An bemerkenswerten Städten fehlte es fast ganz und nur hin und wieder an besonders günstigen Stellen lagen, umrauscht von dem Urwald und umspannt von hohen, festen Pallisaden, einsame Blockhäuser.

Zwar gehörte ein außerordentlicher Mut dazu, hier mitten in der Wildnis, umgeben von Gefahren aller Art, ein dauerndes Heim aufzuschlagen; aber jene Pioniere der Kultur und Gesittung kannten keine Furcht und trotzten allen auf sie einstürmenden Gewalten. Einzelne dieser kühnen Männer erlagen den fortgesetzten Angriffen der wilden, unbarmherzigen Ureinwohner, aber andere traten an ihre Stelle und vollendeten das Werk, das jene begonnen. —

In der Nähe des Yellowstone-Flusses*) lag einsam und fern von der Landstraße ein schmucklos aufgeführtes Blockhaus mit hohen, oben in spitze Eisenzähne auslaufenden Pallisaden. Das Haus selbst war nur klein, barg ein Zimmer, einen Alkoven und eine kleine Küche in sich, gewährte aber den zwei Leuten, die darin wohnten, vollkommenen Raum. —

Astor war ein Jäger und Fallensteller, jagte Biber, Büffel, Bären, Hirsche und anderes Hochwild und trieb einen starken Pelzhandel mit den in den Forts William und Union eingerichteten Handelsgesellschaften. Der Mann stand sich ganz gut, baute nebenbei Korn, Mais, Kartoffeln und Tabak, und an Fleisch und Honig spürte er nie Mangel. Astor hätte zufrieden und glücklich sein können, wenn ihm nicht eins gefehlt hätte, — nämlich der Frieden des Hauses. Sein Weib, seine Sarah, war eine „böse Sieben," wie man zu sagen pflegt, wußte alles besser, als ihr etwas

---

*) spr. Jellostohn — wird auch Gelbsteinfluß genannt.

phlegmatisch angelegter Gatte, stimmte nie mit ihm überein und behielt stets das letzte Wort. Zwischen den beiden Leuten gab es also fast nur Dissonanz, keine Harmonie, wie sie in jeder echt christlichen Ehe vorkommen soll und muß. Nur am Abend, wenn der Tag zur Rüste ging, dann stimmten die beiden sonderbaren Leute, allen Groll und Hader vergessend, ein Duett an. Sie sang die Melodie und er sekundierte dazu, und fast schien es, als solle das Herbe des täglichen Ehelebens durch diese melodiösen Aufführungen gewissermaßen gemildert werden. —

Es war an einem Sommerabend des Jahres 1848, also in jenem Jahre, als in Europa die politischen Wellen überaus hoch gingen und da und dort in einzelnen Ländern die stürzenden Wogen unsäglichen Schaden anrichteten, — da näherte sich jener Behausung in Montana ein etwas seltsamer Reiter. Sein Pferd war ein Rappe, langbeinig mit spärlichem Mähnenwuchs, dickem Kopfe und großen Augen. Der Reiter harmonierte in vielen Stücken mit dem Rosse. Auch er war lang und hager, besaß groß geschnittene Augen von wasserheller Färbung und ein langes, schmales Gesicht, dessen pergamentartige Haut für jede Nerven- und Muskelerregung unempfänglich zu sein schien. Der Mann trug lederne, enganschließende Beinkleider, derbe Schnallenschuhe und einen blauen Tuchrock mit Schößen, die fast bis auf die breitspurigen Füße hinabreichten. Besonders auffällig an diesem Rocke waren die unzähligen kleinen und großen Taschen, namentlich auf der Brustseite, eine etwas sonderbare Einrichtung, auf deren Zweck wir später zurückkommen werden.

Unmittelbar vor dem Pallisadenthor hielt der Reiter sein Pferd an und lauschte. Da drinnen ertönte der übliche Abendgesang und die beiden Menschenstimmen quollen so voll aus dem Blockhause hervor, daß dem Fremden ganz warm ums Herz wurde, er seinen Mund öffnete und den Yankeedoodle*) mitsang.

---

*) spr. jänkih-dudl. Nordamerikanisches Nationallied.

Aber nun erhob sich innerhalb der Pallisaden ein schreckliches Hundegebell. Die Rüden, welche möglichenfalls dem Duett der Herrschaft gelauscht und infolgedessen das Getrappel der Pferdehufe überhört hatten, sprangen wütend gegen das Pfahlwerk und geberdeten sich wie unsinnig.

Der Gesang in der Hütte verstummte, die Hausthür wurde geöffnet und nun vernahm man den schweren Tritt eines sich nähernden Mannes.

„Holla, wer ist da draußen?" rief die barsche Stimme des Hausbesitzers.

„Ein Reisender aus den alten Staaten!" gab der Fremde ebenso laut zurück. „Dies Kind hier wünscht sich ein Stück Hirschfleisch und sein Pferd ein paar Maiskolben!"

Wieder verging eine Zeit, dann öffnete sich plötzlich die Hofthür und der hühnenhafte, vollbärtete Astor erschien mit der Büchse in der Hand im Rahmen des Pallisadeneinschnitts. Wohl schossen ein Paar mächtiger Hunde hervor, um den Gast in ihrer Weise zu empfangen, aber einige gewichtige Fußtritte des Trappers trieben die wütenden Tiere wieder zurück.

„Kommt jetzt herein, Mann!" nötigte Astor. „Ein Stück Hirschfleisch für Euch und ein paar Maiskolben für den Schwarzen giebts alleweile noch!"

Kaum befand sich der Fremde innerhalb der Pallisaden, so schlug auch die starke, mit Eisen beschlagene Bohlenthür wieder ins Schloß. Astor schob noch ein paar große Riegel vor, und nun erst nahm er seinen Gast in Augenschein.

„Ein Yankee*) und eine Vogelscheuche dazu!" sprach er leise vor sich hin, dann sagte er laut: „Geht nur getrost ins Haus hinein, Sir (spr. förr), mein Weib ist darin!"

Astor mußte unwillkürlich lachen. Was würde Sarah

---

*) spr. jänkih. Spottname der Amerikaner.

jagen, wenn sie diese lange menschliche Bohnenstange er=
blickte? Möglichenfalls machte sie ihm hinterher Vorwürfe,
daß er dieses absonderliche „Gestell" ins Haus gelassen.
Zu trauen war ihr nicht, trotzdem sie sonst gern Gastfreund=
schaft übte.

Und während sich Astor mit dem Pferde beschäftigte,
es abzäumte und ihm Wasser und Maiskolben darbot,
schritt der Fremde langsam und gemächlich der Blockhütte zu.
Die vorher so ungestümen Hunde schlichen herzu, aber kaum
hatten sie Witterung von dem Manne genommen, so
sprangen sie schweifwedelnd an ihm empor.

Der Trapper fuhr erstaunt herum.

„Teufel, Fremder, Ihr scheint mehr zu verstehen, als
andere Menschenkinder!"

Der Gast blieb stehen, nickte wiederholt mit dem Kopfe
und sagte:

„Well*), Sir, will verdammt sein, wenn ich dagegen
Einspruch erhebe! Dies Kind besitzt mancherlei Gaben des
Himmels und versteht das wildeste Geschöpf zu zähmen!"
Nach diesen Worten trat er in das Haus.

„Aber das da drinnen bezähmt er nicht!" meinte Astor,
leise vor sich hin lachend.

In dem Wohnzimmer herrschte die größte Sauberkeit.
Die getünchten Wände waren mit Bildern ausgeschmückt,
Tisch und Stühle — freilich nur roh und klobig angefertigt
— prangten in tadelloser Weiße und der kleine, mit
Schnitzwerk reich verzierte Schrein an einer Längswand
war sogar mit einer gehäkelten Decke versehen. Vor dem
kleinen Fenster standen ein paar Blumenkasten mit Phlox,
Astrágalus und der prächtigen, blauroten Penstemone.

Hier, von dem einfallenden Licht umflossen, saß Sarah,
die zungenfertige Gattin Astors. Die Frau war nicht
unschön und noch jung. Die vollen, kräftigen Glieder und
die sehnigen Arme zeugten von Gesundheit und Körperkraft.

---

*) Wohl, gut, schön, gern.

Ein Fülle langer, pechschwarzer Haare, auf dem Kopfe in einen Knoten verschürzt, umgab das leicht gebräunte, etwas ovale Gesicht und erinnerte eigentlich an indianische Abstammung, ebenso wie die großen, tiefdunklen Augen, aus denen es bisweilen seltsam aufleuchtete. Sarah Astor sah gar nicht so bösartig aus, und im Grunde des Herzens — das wollen wir schon jetzt zu ihrer Ehre gestehen — verbargen sich auch einige edlere Gefühle, die aber erst später, nach erfolgter Läuterung, zur Geltung gelangten.

„Gesang und Blumen deuten auf ein sanftes und poesievolles Gemüt hin," begann der Fremde, nachdem er sich wiederholt, wenn auch etwas steif, vor der Hausfrau verbeugt hatte.

Sarah warf dem Gaste einen forschenden Blick zu, lächelte und zeigte auf einen der Stühle.

„Nehmen Sie Platz, Herr!" sagte sie und ihre Stimme klang so weich, daß man versucht war zu glauben, über diese vollen, kirschroten Lippen könne nie ein hartes Wort hervorschlüpfen. „Sie scheinen weit herzukommen, mein Herr?"

„Dies Kind kommt aus Connecticut!" (spr. Konnektiköt) entgegnete der Fremde, stellte seine Büchse, die er an einem breiten Riemen über die Schulter getragen, in eine Ecke des Zimmers und ließ sich nieder.

„Connecticut?" rief die Frau erstaunt. „Davon habe ich ja in meinem Leben noch nichts gehört!"

„Glaub's, Lady*)!" entgegnete der Fremde, stützte beide Hände auf die Kniee und gab dadurch zu verstehen, daß er auf alle nur möglichen Fragen gefaßt sei. — Das lange, hagere Gesicht mit der gelblichen, pergamentartigen Haut drückte eine seltsame, durch nichts zu zerstörende Ruhe aus. Und auch die großen, wasserhellen Augen blieben unverändert. Kein feuchter Schimmer, kein begeistertes Aufflammen derselben legten Zeugnis ab von den erregten Ge-

---

*) spr. lehdi. — Titel von Frauen und Mädchen höherer Stände.

fühlen eines leicht empfänglichen Herzens. Es war, als sei der Mann aus Stein gehauen und besitze nur das Vermögen, die Glieder des Leibes zu bewegen und allenfalls zu sprechen und zu denken.

„Connecticut gehört zu dem alten nordamerikanischen Staatenbunde jenseits des Mississippi," meinte der Fremde erläuternd.

„Und was zum Teufel, Mann, treibt Euch in eine Gegend, die mit allen menschlichen und tierischen Ungeheuern gespickt ist?" rief Astor verwundert, der, soeben eintretend, die letzten Worte des Gastes vernommen.

„Aber David, willst Du nicht so gut sein und Dich etwas gewählter gegen unsern Gast ausdrücken?" verwies die Gattin.

„Sir, wollen Sie nicht so gütig sein und mir mitteilen, warum Sie geruhten, in dieser von den Herren Rothäuten unsicher gemachten Gegend zu erscheinen?" formulierte der Trapper noch einmal seine Frage mit einem entsprechenden Seitenblick auf seine Gattin.

„Ich entfloh um des Glaubens willen, Sir!" versetzte der Fremde und strich mit der Rechten wiederholt über das Kniegelenk. „Ich bin nämlich Methodist*)!"

„Ah, also ein Sakramentarier!" rief Astor und pfiff laut vor sich hin wie jemand, dem ein „Licht" aufgeht; aber jetzt warf ihm seine Gattin einen Blick tiefster Verachtung zu.

„Habe ich Dir nicht schon oft gesagt, David, daß Du das häßliche, durch Mark und Bein bringende Pfeifen unterlassen sollst?" rief sie.

„Well, Lady, ich kenne einen sonst ganz respektablen jungen Mann in Connecticut, dem der Mund während des Pfeifens stehen geblieben ist!" fiel hier der Fremde ruhig ein. „Well, Lady, will verdammt sein, wenn sich das nicht

---

*) Eine Art schwärmerischer Christen in England und Amerika. Als Spottnamen der Sekte gelten „Sakramentarier", „Frommer Klub."

buchstäblich ereignet hat! — Die Geschichte verhält sich so: War da in unsrer Nachbarschaft ein ganz geschickter Bursche, flink, gewandt und fingerfertig, und wenn ihm auch bisweilen etwas mit unterlief, was eigentlich seinem Nächsten gehörte, — nun, irren ist menschlich und hundert andere thun das auch in der Zerstreutheit. Also derselbe junge Mann fand einmal einen funkelnagelneuen Strick, hob ihn ganz still auf und trug ihn von dannen. Als er in die Nähe seines Hauses kam, siehe, da bemerkte er an dem andern Ende ein Pferd angebunden."

„Alle Teufel, da kann einem Menschen wirklich der Mund vor Erstaunen stille stehen!" rief Astor, vergnügt vor sich hinlachend.

„Noch nicht, Sir," meinte der Fremde. „Die Geschichte hatte ein etwas tragisches Nachspiel. Am andern Tage stand im Anzeiger von Connecticut folgende Mitteilung: Der in unsrer Stadt rühmlich bekannte Master*) Thomas Brook unternahm gestern eine Reise, um ein Pferd zu holen, das ihm nicht gehörte. Er kam aber nicht wieder nach Hause, weil er plötzlich nicht mehr im Stande war, mit seinen Füßen den Erdboden zu erreichen. Wir sahen ihn zuletzt unter einem Baume stehen und gewahrten in seiner unmittelbaren Nähe einige unserer angesehensten Mitbürger, die angelegentlichst an einem Seile zogen, das mit dem andern Ende zufällig am Halse Thomas Brooks befestigt war. — Well, Sir," beendete der Fremde seine Erzählung, „derselbige junge Mann wollte sich noch im letzten Augenblick eins vorpfeifen, aber das funkelnagelneue Hanfseil schnürte ihm die Kehle zusammen und der zugespitzte Mund blieb ihm in aller Ewigkeit so stehen."

„Well, Sir, Ihr habt eine interessante Art zu erzählen!" meinte Astor und warf einen Blick nach der Büchse, die quer über dem rauchgeschwärzten Kamin hing. „Sarah, ich denke, Du setzest unserm Gaste ein Stück von

---

*) spr. Mister — Herr.

dem saftigen Hirschfleisch vor, welches er sich wünschte, und wenn der Herr dann zu ruhen gedenkt, so — "

„Well, Trapper, es war eigentlich unartig von mir, daß ich meinen Namen noch nicht nannte," fiel der Fremde ein. „Heiße Jonathan Whiskey. — Ihr lacht, Trapper; aber ich will verdammt sein, wenn dies Kind hier schuld an dem Familiennamen trägt, den es wider Willen mit sich herumschleppt!"

Nach dem Essen begab sich der Gast zur Ruhe. Er lehnte es ab, im Hause zu schlafen, nahm die Decke, die ihm Astor zur Verfügung stellte, ergriff seine Büchse und begab sich hinüber nach dem verdeckten Schuppen, unter dem neben den zwei Pferden des Wirts sein Rappe stand. Hier wickelte er sich in das weiche Bärenfell, legte sich auf das ziemlich harte Streulager und schlief sofort ein. —

„Weißt Du, Sarah, daß das ein ganz verrücktes Ge= stell aus Connecticut ist!" sagte Astor, der, nachdem er die Runde um die Pallisaden gemacht, jetzt breitspurig vor dem Bette seiner Gattin stand.

Sarah lag bereits unter der dicken Büffelhaut und schlief; sie öffnete aber die Augen und blickte verwundert um sich. — „Von wem sprichst Du, David?"

„Nun, von Jonathan Whiskey, Alte."

„Du sollst nicht immer „Alte" zu mir sagen!" rief sie ärgerlich. „Übrigens ist das ein ganz netter junger Mann und sehr interessant!"

„Jung?" meinte der Trapper lachend. „Freilich, so an die fünfundvierzig bis fünfzig zählt er!"

„Nein, er ist erst achtunddreißig!" fiel die Gattin be= stimmt ein.

„Aber Frau, er hat ja doch schon graue —"

„Streite nicht, David!" schnitt ihm die Ehehälfte das Wort „Haare" ab, welches der Trapper auf der Zunge behielt.

„Und an dem Manne ist weiter nichts als Haut und Knochen!" wagte Astor hinzuzufügen.

„Natürlich Du Fleischkasten findest schlank gewachsene Menschen unleiblich!"

„Und niemals lacht er!"

„Meinst Du etwa, Dein lautloses Lachen sei anziehender?"

„Und Sakramentarier ist er auch!" warf Astor hin, der beide Hände in die Hosentaschen steckte und ganz gemütlich auf seine Frau herabblickte.

Jetzt wurde Sarah zornig und ihre geballte Rechte fuhr unter der Büffelhaut hervor.

„Nun ist's genug!" schrie sie und der nackte Arm hob sich drohend gegen den Gatten, der flugs zur Seite sprang. „Du bist der richtige Sakramenter! Schwatzt so ein Mannsbild bei nachtschlafender Zeit von allen möglichen Dingen und sein armes, tobmüdes Weib muß gedulbig zuhören. Marsch ins Bett!"

Astor entkleidete sich, streckte sich unter die dicke, angsterregende Büffelhaut und sagte dann, dem Yankee nachahmend:

„Well, Sarah, will verdammt sein, wenn ich Deinethalben noch einen Finger rühre. Sollten uns jemals die Dakota heimsuchen und Dich gefangen fortführen, so würde ich vergnügt hinter ihnen herpfeifen, auch auf die Gefahr hin, daß mir der Mund zeitlebens stehen bliebe, wie jenem Brook!"

Es war ein Glück, daß Sarah, wieder vom Schlaf umfangen, diese bösen Worte nicht vernahm, sonst wäre es dem armen Gatten übel ergangen.

2. Kapitel.

Der Besuch der Dakota. — Jonathan's Erzählungen.

Mitten in der Nacht erwachte Jonathan von einem seltsamen Geräusch. Es klang, als ob der Wind durch hohes Gras rausche und doch wehte kein Luftzug. Die beiden mächtigen Hunde wurden aufmerksam, umschnupperten das Pfahlwerk, schoben ihre Schnauzen an die schmalen Pallisadenritzen und zogen witternd die Luft ein. Der eine Köter knurrte leise vor sich hin, der andre dagegen verhielt sich vollständig ruhig; es schien, als wolle er sich erst von der Größe der Gefahr überzeugen, ehe er seine Herrschaft aus dem Schlafe herausbellte.

Jonathan erhob sich und griff nach der Büchse; da plötzlich ertönte rings um das Gehöft her ein markerschütterndes Geheul, und nun sprangen die beiden Hunde wutentbrannt gegen das Pfahlwerk, über dessen Krönung einige scheußlich bemalte Dakotagesichter auftauchten, um im nächsten Augenblick wieder zu verschwinden.

Jonathan sattelte in Hast die drei Rosse, dann lehnte er sich, die Büchse schußbereit, gegen die schwache Schuppenwand und erwartete in aller Ruhe die Dinge, die da kommen mußten.

In der Blockhütte blieb scheinbar alles ruhig; aber plötzlich fiel ein Feuerstrahl aus einer der schmalen Schießscharten und einer der die Pallisaden überkletternden Feinde fiel aus luftiger Höhe in den Hof herab. Fast in demselben Augenblick gelang es zwei Dakota, über das Dach des Blockhauses selbst die Erde zu erreichen; aber hier wurden sie von den wütenden Hunden angefallen und buchstäblich zerfleischt.

Jetzt erhob sich abermals ein entsetzliches Geheul. Es schien, als seien alle Teufel der Hölle losgelassen, so gellte es in allen nur denkbaren Tonarten rings um das Gehöft her und dann erfolgte ein allgemeiner Sturm. Wie Katzen kletterten die Wilden an den hohen Pallisaden empor. Wenn sie aber gehofft, leicht und ungehindert in den inneren Raum zu gelangen, so irrten sie: Große, spitze, eiserne Zähne machten das Übersteigen zwar nicht unmöglich, erschwerten es aber ganz außerordentlich, und mancher der ungestümen Dakota blieb aufgespießt an der mit Widerhaken versehenen Schutzwehr hängen. —

„Schieß' die Schurken immer in den Kopf, Sarah!" hörte Jonathan den Farmer zu seinem Weibe sagen; aber auch jetzt noch, unter dem Schlachtgeheul und dem Donner der Büchsen, opponierte die Frau: „Mach', wie Du willst, David, ich richte mein Flintenrohr immer auf die Brust der Feinde!"

Aber Schuß nach Schuß ertönte aus dem Blockhause und jede Kugel riß einen der Rothäute zu Boden. — Auch Jonathans Gewehr krachte wiederholt und jedesmal mit überraschendem Erfolg. Der Connecticuter verstand sich auf die blutige Arbeit, und hätte ihn jetzt der Gastgeber gesehen mit lebhaft geröteten Wangen und den feurig aufblitzenden Augen, — er würde den phlegmatischen Yankee von gestern Abend in ihm nicht wiedererkannt haben.

„Hie Connecticut!" schrie Jonathan in wilder Begeisterung hinüber, und „Hie Montana!" scholl es ebenso lebhaft von der Blockhütte zurück, wo das Astorsche Ehepaar Seite an Seite um Leben und Freiheit focht.

Wohl eine halbe Stunde hatte der Kampf gedauert, da zischten plötzlich mehrere Brandfackeln nach dem Wohnhaufe hinüber und fielen auf das leichte, von der Sonne gedörrte Schindeldach der Hütte.

„Ha, Kind, jetzt ist es Zeit, daß Du Deine Knochen in Sicherheit bringst!" sagte Jonathan laut zu sich selbst, trat zu dem Pferde, öffnete eine der vielen Satteltaschen und zog ein langes Fläschchen hervor, das er vorsorglich in seinem Gewande verbarg. Dann hing er seine geladene Büchse um seinen Hals, bestieg sein Roß und harrte nun regungslos im Dunkel des Schuppens auf den günstigen Augenblick der Flucht.

Hei, wie die Flammen über das trockene Dach des Hauses dahinfuhren! Man hätte meinen sollen, es seien lauter kleine Kobolde, die hier oben einen lustigen Reigen aufführten, so sprang und hüpfte es umher. Und dann vereinigten sich die Flämmchen zu einem einzigen Flammen- meer und nun knackte und krachte es unheimlich in dem Dachstuhl. Die Funken flogen nach allen Seiten umher und eine Feuergarbe stieg kerzengerade über dem Hause empor, ein Schrecken für die in den Bäumen übernachtenden Vögel, welche angstvoll davon flatterten.

„Jetzt ist's Zeit, Sarah, daß wir die Hütte verlassen!" rief Astor.

„Noch nicht, David!" entgegnete die kühne Frau. Ihre Büchse flog an die Wange und mit dem Knall stürzte ein reichbefederter Indianer oben von den Pallisaden herab. Die Füße blieben jedoch zwischen den Zähnen der eisernen Schutzwehr sitzen und nun hing der arme Kerl, den Kopf nach unten, zwischen Himmel und Erde.

Ein entsetzliches Wehe= und Wutgeschrei erhob sich innerhalb der Umzäunung und sämtliche Krieger eilten hinzu, um dem vornehmen Häuptling hilfreich beizustehen.

„Jetzt!" rief Sarah. Der Trapper stieß die Thür auf und nun flüchtete das Ehepaar von den Feinden un= bemerkt über den kleinen Hof nach dem Pferdeschuppen, wo Jonathan immer noch verweilte.

Noch beschäftigten sich die Dakota mit dem Häuptling,

da ertönten wilde Schläge gegen das Hofthor. Nur kurze Zeit widerstand die starke Bohlenthür den gewaltigen Kraftanstrengungen, dann sank sie polternd in sich zusammen.

„Folgt mir, Freunde, ich will Euch eine Gasse machen!" rief Jonathan, griff in sein Gewand und erfaßte die vorhin aus der Satteltasche entnommene Flasche.

Wie die wilde Jagd, so brach es aus dem Schuppen hervor. Jonathan glich in diesem Augenblick einem überirdischen Wesen. Seine Augen funkelten, die langen, grauen Haare flatterten wild um den Kopf und Nacken und die Rockschöße bauschten sich, vom Luftdruck erfaßt, zu merkwürdigen Ungetümen auf.

Ein Schwarm Indianer drängte sich durch den nunmehr freien Eingang; aber die Krieger wichen entsetzt zurück, als sie das daherstürmende Wesen erblickten.

„Pau=guk!" (der Tod) klang es angstvoll aus der Menge der Rothäute.

„Hie Connecticut!" schrie Jonathan, erhob seine Rechte und beschrieb einen Halbkreis, dann schlug er seine Hacken gegen die Seiten des Rosses und im mächtigen Bogensatze flog das Tier über die Köpfe der Feinde hinweg und erreichte den Wald.

Entsetzensschreie erklangen. Acht, zehn und noch mehr der vordersten Krieger stürzten zu Boden, wälzten sich krampfhaft auf der Erde und wimmerten und stöhnten unter den gräßlichsten Martern. Das scharfe, ätzende Gift, über die halbnackten Wilden ausgegossen, verfehlte seine Wirkung nicht, und immer tiefer fraß sich die Substanz in Hände, Gesichter, Arme und Leiber.

„Hic Montana!" schrie Astor, dem Manne aus Connecticut nachahmend, und auch er durchbrach die Feindesschar und gewann den rettenden Wald.

Sarah, bis auf den letzten Augenblick die unbezähmte Widerspenstige spielend, ließ sich verleiten, ihre Büchse zu gebrauchen; aber jetzt griffen viele Hände zu und rissen das wild um sich schlagende Weib vom Pferde.

„Zurück, ihr Otterngezücht!" rief sie wutentflammt; aber schon hatte man sie gefesselt und nun lag sie über= wältigt am Boden.

„David, wo bist Du?" rang es sich angstvoll von Sarahs Lippen; aber David jagte an Jonathans Seite über die gras= und blumenreiche Savanne den schützenden Bergen zu. — Er pfiff nicht vergnügt hinter seinem Weibe her, wie er gestern Abend noch prahlend geäußert, im Gegenteil, — er trug leid um seine Sarah, die Seite an Seite mit ihm gefochten und die er, trotz ihrer bösen Zunge, von Herzen lieb gehabt. —

Die beiden Flüchtlinge erreichten die Berge, und hier in den Klüften fanden sie ein treffliches Unterkommen. Astor kannte hier jede Vertiefung, jeden Spalt, jede Schlucht der Felsen und auch die verborgene Höhle, die ihm auf seinen Streifzügen manche Nacht Obdach gewährt. Hier in diesem rings von dichtem Gestrüpp geschützten Orte lagerten die beiden Männer, die das gemeinsame Unglück näher ge= bracht und gewissermaßen zusammengeschmiedet. — Ein kleines Feuer erhellte die tief in dem Felsen liegende Grotte, aber die riesigen Silhouetten*) der Menschen und Pferde an den glitzernden Wänden verliehen dem Orte etwas Ge= spenstiges, Furchterregendes.

Astor saß, die Büchse im Arm, auf dem harten Ge= stein und starrte teilnahmslos vor sich hin. Er dachte an seine Sarah. Was mochte sie jetzt machen? Lebte sie noch oder hatten ihr die schrecklichen Wilden bereits den Skalp mit den prächtigen Haaren, die er immer so gern gehabt, vom Kopfe genommen? Ein Jahr seines Lebens hätte er freudig dahin gegeben, wenn er nur ihre Stimme gehört, die ihm manchmal so roh, so ausdruckslos geklungen und die ihm jetzt, nun er sie nicht mehr vernahm, reine Musik däuchte. — Er wurde fast unwillig, als ihn sein Gefährte aus dem schmerzlichen Gedankengange herausriß.

---

*) spr. ßiluetten. Schattenbilder.

2*

„Well, Sir, will verdammt sein, wenn das nicht etwas aufregender Natur war!“ begann Jonathan und faltete beide Hände um die an den Leib gezogenen Kniee. „Habe daheim in Connecticut etwas Ähnliches erlebt, aber Büchsenkugeln gab's nicht zu kosten, sondern Hiebe, viel Hiebe!“

„Wie war das?“ fragte Astor, um doch etwas zu sagen.

„Well, Trapper, habt Ihr schon von den Temperanz= gesellschaften gehört, die in den alten Staaten eine so große Rolle spielen?“ fragte Jonathan, und seine Augen blickten fast schläfrig vor sich hin.

„Habe, glaube ich, davon gehört!“

„Mein Alter,“ fuhr der Connecticuter fort, „war ein großer Verehrer von dem Whiskey, obgleich seine Gattin, meine verehrte Mutter, nichts davon wissen wollte, be= sonders als sie sich für die Temperanz erklärte und Stein und Bein schwur, in ihrem Hause dürfe kein Tropfen Brandy gehalten und getrunken werden. Sie setzte es durch, daß sich mein Alter der Temperanz anschloß, zum Schein nur, Trapper; denn ein Mensch, der jahrein jahr= aus das Feuerwasser durch die Kehle gegossen und sich zum Süffling ausgebildet, spielt schwerlich die Rolle eines Heiligen im Mäßigkeitsverein. — Also mein Alter trank nach wie vor seinen Whiskey, heimlich natürlich und zwar im Hinterstübchen des Nachbars, eines alten Junggesellen, der viel auf ein gutes Glas Brandy hielt. — Ich mußte darum, schwieg aber, weil mir mein Alter auf die Seele gebunden, nichts davon zu sagen. — Well, Sir, die Sache ging eine ganze Zeit hindurch ganz gut; aber dann kamen die Temperanzfrauen, ich weiß nicht durch wen, dahinter, und eines schönen Abends — mein Alter hatte mich mit= genommen und wir saßen unsrer zehn gemütlich bei dem Junggesellen und lachten über die dummen Weiber von Connecticut — da öffnete sich die Thür und herein traten, in feierliches Schweigen gehüllt und die rechte Hand unter der Schürze haltend, die Temperanzweiber. Mir ahnte nichts Gutes, deshalb benutzte ich die günstige Gelegenheit, verbarg mich hinter den breiten Rücken der Männer und kroch schleunigst unter das Himmelbett des Junggesellen. Und da ging auch schon der Spektakel los. Die Frauen= hände fuhren unter den Schürzen hervor und nun tanzten die Knittel auf den Rücken der Eheherren herum, daß es eine ordentliche Lust war, mit zuzusehen. Was gab's da für „Ach's" und „O's" und „Au's," und der Junggeselle, der den besten Teil erhielt und in der Angst die Kanne mit dem Whiskey umstieß, retirierte in den großen Kleider= schrank!"

„Teufel, die Geschichte war wirklich unangenehm!" rief Astor, der wider Willen zugehört.

„Well, Sir, die Geschichte endete nicht gut!' fuhr Jonathan fort. „Mein Alter nahm sich die Sache so zu Herzen, daß er sich hinlegte und starb. Er hatte Ehre, viel Ehre im Leibe, mein Alter, und ging lieber in den Tod, als daß er ein Leben ohne Whiskey fortgesetzt hätte."

Eine lange Pause entstand. Astor seufzte mehrere Male tief auf und endlich sagte er halblaut vor sich hin: „Ob nur meine Sarah noch ihre Haare hat?"

„Well, Sir, die Frage zu beantworten, ist verdammt schwer!" meinte Jonathan und warf einen langen Blick auf seinen Gefährten. „Habe so eine ähnliche Haar= geschichte erlebt, aber ich will sie später einmal erzählen. Well, Trapper, ich möchte Euch einen Vorschlag machen, und ich denke, Ihr werdet nichts dagegen einzuwenden haben, noch dazu wenn, wie ich Euch schon gestern Abend erzählte, dies Kind mancherlei Gaben besitzt, die andern sterblichen Menschen abgehen. Was sagt Ihr dazu, wenn ich bei Tagesanbruch in das Lager der Dakota gehe und einmal nachsehe, ob Eure Frau noch alle Haare auf dem Kopfe hat?"

Der Trapper fuhr erstaunt auf: „Sir, das wolltet Ihr thun?"

„Natürlich will ich das, Mann!" verseßte Jonathan ruhig. „Well, Sir, Ihr habt mich gestern Abend ohne Arg in Euer Haus aufgenommen, habt mir Euer leßtes delikates Stück Hirschfleisch vorgeseßt, so daß ich ordentlich gerührt wurde und im Stillen gelobte, Euch diesen Dienst seinerzeit wieder abzutragen!"

„Aber, Mann, es ist kein Spaß, den roten Teufeln direkt in die Arme zu laufen!" fiel der Trapper lebhaft ein.

„Ich thu's," entgegnete Jonathan so ruhig, als handle es sich um die ungefährlichste Sache von der Welt. „Ich bringe Eure Sarah wieder, d. h. wenn sie will!"

„Wenn sie will?" rief Astor erstaunt.

„Well, Sir, den Frauen ist niemals zu trauen und Eure Sarah besißt ein etwas desperates Wesen, das schwer zu ergründen ist. — Wißt, Trapper, ich besaß vor vielen Jahren in Connecticut auch ein so seltsames, unberechenbares Dirnel, das hieß Mary — ein hübscher Name, Sir, nicht?" rief Jonathan mit demselben, durch nichts zu erschütternden Gleichmut.

„Unstreitig!" meinte Astor, der unwillkürlich dem langsamen, aber unermüdlichen Redefluß des Yankees lauschte.

„Also dasselbe junge girl (Mädchen) namens Mary nannte sich meine Braut," fuhr Jonathan fort. „Wie sie eigentlich zu der Stellung gekommen, weiß ich heute noch nicht zu erklären, aber well, Trapper, in Connecticut spielt manches Wunderbare, und da damals jeder junge Bursche, der 'ne Lederhose trug, eine Braut besaß, so ließ ich mir die Mary gefallen, umsomehr, da sie ein ganz reputierliches Frauenzimmer war. Ich ging mit ihr fleißig auf den Tanzboden, kaufte ihr Whiskey und später eine Korallenkette und wir —"

„Mann, unterbrecht einmal Eure Erzählung; ich glaube, da draußen ist nicht alles rein!" flüsterte Astor, ergriff eine Büchse und schlich nach dem Ausgange der Höhle.

Doch schon nach kurzer Zeit kehrte er mit einem seiner großen Hunde zurück, der glücklich seinen Herrn gefunden und nun freudig wedelnd an ihm emporsprang.

Der Trapper freute sich wie ein Kind und mehr als einmal zog er das treue Tier in seine Arme und fuhr ihm liebkosend über das weiche, langhaarige Fell.

„Der Morris ist glücklich dem Tode entschlüpft, aber wo sind die Lebby und die Sarah?" rief Astor bekümmert, an sein gefangenes Weib und an die verlorene Hündin denkend.

„— fanden uns beide recht nett!" setzte Jonathan in seiner Erzählung da ein, wo er vorhin stehen geblieben war, „bis Tobby, der Nachbarsohn, ein geschmeidiger Kerl, ein Dandy (Stutzer) dazwischen trat und unser Verhältnis einen Riß erhielt, der sich niemals zuflicken ließ. Und es kam so, Trapper: Ich hatte mit der Mary getanzt und führte mein girl an die Bar,*) um ihr ein Glas Whiskey zu kaufen; da steht der Tobby bereits breitspurig da und präsentiert mit dem süßesten Lächeln von der Welt meinem Schatz ein Kelchglas voll des süßen, mexikanischen Rotweins. Well, Sir, will verdammt sein, wenn mir da nicht die Galle überlief. Ich versetzte dem Tobby eins hinter die langen Ohren, daß der Schlingel sich einige Male auf der Tenne herumkugelte, als sei er ein Gummiball. Seine neuen Lederhosen, mit denen er zweifelsohne zu parabieren gedachte, klafften spannenweit auf dem Gesäß auseinander — ein hübsches Bild, Trapper, nicht?"

Astor lachte geräuschlos vor sich hin.

„Well, Sir, ich sage Euch, das gab ein Hallo auf der Tenne. Was mich aber am meisten ärgerte, war, daß die Mary, als die Burschen auf mich einstürmten, scheu in den entferntesten Winkel flüchtete und mir einen Blick

---

*) Stange. Schranke vor dem Büffet.

zuwarf, als sei ich das größte Scheusal in ganz Connecticut!"

„Und wie endete die Geschichte?" fragte Astor.

„Well, Trapper, der Tobby und ich schlugen uns. Ich schoß ihm eine Büchsenkugel zwischen die Rippen, daß ihm der Atem verging, und als ich die Mary am nächsten Sonntag zu Tanze führen wollte, da gab sie mir das Korallenhalsband mit den Worten zurück: „Da nehmt das, Jonathan, an Euch. Den Whiskey, den ich von Eurem Gelde getrunken, kann ich Euch freilich nicht wieder zurückgeben, aber den Wunsch hab' ich für Euch: Betretet nie mehr die Schwelle meines Hauses; wir sind geschieden auf ewig!" — Der Connecticuter erfaßte eine seiner Haarsträhnen: „Well, Sir, will verdammt sein, wenn nicht dieses Gewächs hier von Stund an verdorrte und weiß wurde wie Schnee!" sagte er mit einem leichten Anflug von Lächeln. „Dies Kind hier besitzt, wie sein Alter, eine große Portion Ehr' im Leibe; aber zum Hinlegen und Sterben, wie der Alte, konnte es sich doch nicht entschließen!" — —

Der Morgen brach herein. Durch einen Felsenspalt, welcher der Höhle einiges Licht zuführte, vernahm man das Jubilieren der Vögel und die Schnabelschläge einiger hungriger Spechte, die, nach Maden suchend, an einer vertrockneten Weymuthstanne herumhackten.

„Fühlt Ihr keinen Hunger, Mann?" forschte Astor.

„Well, Sir, das kann ich nicht sagen!" versetzte Jonathan gleichmütig. „Dies Kind zehrt gewöhnlich von der Vergangenheit und vergißt darüber den Hunger des Leibes. Freilich, wenn man so einen Puterbraten vor Augen hätte, dann würde sich wohl der Appetit einstellen!"

„Den sollt Ihr haben, Freund!" versetzte der Trapper, ergriff seine Büchse und schlich, von seinem Hunde begleitet, dem Ausgange zu. Kaum eine Viertelstunde später ertönte in nächster Nähe ein Schuß und dann kehrte

Astor mit einem mächtigen Truthahn nach dem Lagerplatz zurück.

„So, Freund, da habt Ihr den gewünschten Puter!" meinte der Trapper schmunzelnd, „und nun werde ich Euch ein Essen bereiten, wie Ihr es wohl selten in Connecticut angetroffen habt!"

Flink und gewandt vollzog der geübte Jäger das Amt eines Kochs. In kurzer Zeit war der Vogel gerupft, ausgeweidet, mit Salz und Pfeffer eingerieben — Gewürze, die Jonathan aus einer seiner Satteltaschen herbeiholte — und nun schmorte das weiche Fleisch über dem Feuer und entwickelte einen lieblichen, den Gaumen kitzelnden Geruch.

„Well, Sir, das Tier riecht nicht uneben!" meinte Jonathan, der soeben mit einem Arm voll trockenen Reisigs in die Höhle zurückkehrte und die Ladung neben das Feuer warf. „Da fällt mir eine Geschichte ein, die mir in Connecticut passiert ist. Die Sache verhielt sich so, Trapper: Ich aß für mein Leben gern Eierkuchen, und stimmte darin mit meinem Alten, laut Verwandtschaft des Blutes, überein. Wir beide waren ganz närrisch vor Freude, wenn die Mutter so ein paar Dutzend Eier zusammenquirlte und in die Pfanne goß. — „Schon der Duft erquickt Herz und Gemüt," pflegte mein Alter zu sagen, und ich konnte ihm in diesem Punkte nur beipflichten; denn der aufsteigende Duft eines in der Pfanne schmorenden Eierkuchens hat etwas Lebenerfrischendes, Sorgenbrechendes an sich. — Mein Alter und ich gingen bei solchen Gelegenheiten nie aus der Küche und steckten abwechselnd unsere Nasen über das leckere Gericht und zogen den Duft mit wohligem Behagen ein. — Eines Tages gab's wieder unsere Lieblingsspeise. Ich hatte damals einen ganz verdammten Schnupfen und das Wasser lief mir förmlich aus den Nasenlöchern heraus. Riechen konnte ich heute nichts, aber doch neigte ich mich tief über den noch flüffigen Eierbrei, ohne darauf zu achten, daß mein Alter hinter mir stand und voll Sehnsucht auf den Genuß wartete, der mir diesmal bei meinem Stockschnupfen vollständig verloren ging. — Der Alte wurde böse und plötzlich schlug er mich mit der Kelle so heftig auf den Kopf, daß meine von Natur etwas lang geratene Nase tief in den brodelnden Eierbrei hineinfuhr."

"Alle Wetter!" rief Astor beluftigt. "Und was nun weiter, Mann?"

"Well, Sir, die Wirkung war eine ganz schreckliche; denn die Geschichte kam zum Ausbruch, wie ein Vulkan, dem das Feuer in den Eingeweiden wühlt: Ich mußte entsetzlich niesen und was da alles aus der Nase heraus- und in die Pfanne hineinstürzte, das ist gar nicht zu beschreiben. — Übrigens war mein Alter an dem Tage so wütend, wie ich ihn noch nie erblickt und noch Wochen nachher stieg ihm der Zorn auf, wenn ich ihm vor Augen kam."

Der Trapper lachte herzhaft, und dann setzten sich beide zu dem duftenden Braten und vertilgten faft den ganzen Truthahn. Auch Morris fand die Knöchlein delikat. —

Eine Stunde später, nachdem auch die Pferde ihren Hunger an dem überall hervorsprießenden Gras gestillt, verließen die beiden Männer den Schlupfwinkel und ritten den Weg zurück, den sie in der Nacht in fliegender Eile paffiert. Der Trapper wollte seine Blockhütte besuchen und sehen, ob noch etwas zu retten sei, und Jonathan beabsichtigte, das Lager der Dakota zu erforschen, um Astors Weib den Händen der Rothäute zu entreißen.

Eine Meile von dem Blockhause entfernt, schieden die beiden Männer von einander. Astor ergriff gerührt Jonathans Rechte und schüttelte sie wiederholt.

"Ihr geht einen schweren Gang, Mann", sagte er bekümmert, "einen Gang, der direkt ins Verderben führt!"

„Well, Sir, wir stehen alle in Gottes Hand!" entgegnete der Yankee, diesmal sichtlich erregt. „Ohne unsern Herrgott fällt kein Sperling tot vom Dache. Mir fällt da eigentlich eine Geschichte ein, wenn ich vom Spaß rede; aber ich will sie Euch später erzählen, Trapper. Gehabt Euch wohl!"

Er winkte noch einmal grüßend mit der Hand, dann trabte er auf seinem Rappen dem Grenzflusse zu.

3. Kapitel.

Bei den Dakota.

Die Sioux*) oder Dakota**) wohnen im nördlichsten Teile des großen Gebietes zwischen Rocky Mountains (spr. Mauntens) und dem Mississippi und zwar zwischen den Staaten Minnesota, östlich, und Montana, westlich. In zahlreiche Banden sich teilend, sind sie ein echtes raub- und kriegslustiges Prairievolk. Der Name Sioux ist eigentlich ein Spottname, eine Abkürzung des französischen „Naudowesioux" und bedeutet „Halsabschneider". Sie selbst nennen sich die „Sieben Ratsfeuer", nach den sieben Stämmen, welche sie bilden. Im Jahre 1876 schätzte man sie noch auf 50 000, doch schmilzt die Einwohnerzahl mehr und mehr zusammen. Die Zivilisation hat bisher wenig über sie vermocht. Ackerbau und feste Wohnsitze lieben sie nicht; sie leben nach alter Weise von der Jagd und treiben Pelzhandel, gleichen aber dem blutdürstigen Wolf der Steppe.

In einem fruchtbaren Thale lag ein langgestrecktes Dorf der Sioux. Einem breiten Bande gleich, zog sich quer durch die Niederung ein Fluß dahin, der jetzt, zur Zeit des Hochsommers, wenig Wasser besaß, aber immerhin genug, um die Menge Kiesel zu bedecken, die hier in erstaunlicher Anzahl neben- und übereinander liegend, vorkamen. Der Fluß zog sich in einem gewaltigen Bogen um das Dorf herum, und verschwand weiter unten zwischen

---

*) spr. Suh.
**) Die zweite Silbe zu betonen.

steil sich auftürmenden Felsgebilden, die stellenweise den Yellowstone umkränzen.

Am Ufer jenes Flusses zwischen dornigem Gestrüpp auf weicher Rasenflur balgten sich eine Menge kleiner, kaum dem Säuglingsalter entwachsener Pappuse herum, deren schwarzglänzende Augen wie blitzende Edelsteine aus den rotbemalten Gesichtern hervorleuchteten. Ein ganzes Rudel Hunde umsprang die fröhliche Kinderschar und that, als gehöre sie mit zu den kleinen, zweibeinigen Geschöpfen, die schließlich in das Wasser plumpsten und hier allerlei Allotria trieben.

Weiterhin auf einem großen, freien Platze, zwischen einem Hüttenkranz, entwickelte sich ein malerisches nicht uninteressantes Bild: Gruppen von Dakotakriegern standen oder hockten auf der Erde und ließen die Beratungspfeife im Kreise herumgehen. Ein Häuptling, von Kopf bis zu Fuß in grelle, bunte Farbe gekleidet, galoppierte auf weißem Schlachtroß heran, sprang aus dem Sattel und mischte sich unter die beratenden Männer. — Im Hintergrunde scherzten Gruppen junger Mädchen und etwas abseits standen mehrere, kaum dem Knabenalter entwachsene Jünglinge, deren Wolldecken aus hundert verschiedenen Farben bestanden und allerlei zusammengesetzte Sterne und Arabesken*) zeigten.

Die Lieblingsfarbe der Sioux ist das Rot. Die enganschließenden Hosen aus rotem Tuche und die meisten Decken, nach Art eines spanischen Mantels über die Achsel geworfen, zeigen neben dem Weiß fast regelmäßig das Rote als Hauptfarbe. Auch die bemalten Gesichter zeigen denselben Grundton, doch beliebt man auch Gelb, Blau, Grün und zeitweise Schwarz aufzutragen. — Bisweilen sieht man Krieger mit roten oder schwarzen Händen. Die zuerst genannte Farbe weist darauf hin, daß der Träger von seinem Feinde verwundet wurde, die letztere zeigt an, daß er seinen

---

*) Arabische Figuren, Schnörkeleien.

Feind erschlagen hat. — Schwarz bemalte Kinder sind unartig und eigensinnig gewesen und müssen zur Strafe in der abschreckenden Farbe umherlaufen, nebenbei gesagt, eine Erziehungsmethode, die auch bei uns sehr zu empfehlen wäre, damit man den Schlingel sofort erkennt, der seine Eltern auf das Tiefste betrübt.

Die Krieger der Dakota befanden sich bereits in eingehender Beratung über die jüngsten Ereignisse, da stürzten plötzlich die kleinen rotgefärbten Kobolde vom Flusse her mit allen Zeichen des Schreckens in das Dorf und unmittelbar hinter ihnen erschien auf seinem Rappen Jonathan Whiskey. — Er sah weder nach rechts noch links und hielt erst sein Pferd an, als er den Platz mitten im Orte erreicht hatte. Unmittelbar neben den beratenden Kriegern parierte er sein Roß, sprang aus dem Sattel, fuhr mit der Rechten langsam und geheimnisvoll über den Kopf des Tieres und trat nun erst in den Kreis der wie Bildsäulen dasitzenden Dakota.

Eine lautlose Stille entstand. Männer, Frauen und Kinder aus dem Hintergrunde drängten sich neugierig herzu, und hinter jedem Buschdickicht lugten blitzende Indianeraugen hervor, um das seltsame Bleichgesicht in Augenschein zu nehmen.

Die Sitz und Stimme habenden Krieger waren von der Wichtigkeit des Augenblicks voll und ganz erfüllt. Mit einer gewissen Umständlichkeit zündete der auf einer Erderhöhung platzhabende Sachem, Hiawatha, die Friedenspfeife an, that einige gewichtige Züge, blies den Rauch in alle Himmelsgegenden hinaus und gab dann das Kalumet im Kreise herum. Auch Jonathan, der mit den Gebräuchen der Rothäute bewandert zu sein schien, zog den Tabaksrauch ein, blies ihn aber nicht durch den Mund, sondern durch die Nasenlöcher nach rechts und links, was den stumm dasitzenden aber scharf beobachtenden Dakota als etwas ganz Außerordentliches erschien.

Endlich war die Formalität erfüllt. Hiawatha erhob

das bisher gesenkte Haupt und warf einen langen Blick auf den Gast, dann öffnete er den Mund und sagte:

„Das Bleichgesicht hat mit den Kriegern der Dakota die Friedenspfeife geraucht, nun möge es sprechen. Die Ohren der roten Männer sind geöffnet!"

Jonathan schwieg noch eine Weile, dann erhob er sich, blickte langsam über die Versammlung und begann ziemlich fließend in der Sprache der Sioux:

„Die Nation der ‚Sieben Beratungsfeuer' ist eine weise und hochgeachtete Nation. Die Krieger der Dakota sind tapfer und mutig, vor allen Dingen aber gerecht. Und weil sie gerecht sind, das Gute lieben und das Böse verabscheuen, deshalb kam der größte Zauberer der Bleich= gesichter in ihr Lager, um etwas von ihnen zu erbitten!"

Die von Lob strotzende Rede rief auf allen Seiten ungestüme Laute des Beifalls hervor und alle Köpfe er= hoben sich, um den berühmten Zauberer in Augenschein zu nehmen.

„Befand sich nicht das Bleichgesicht im Blockhause des Trappers!" fragte hier Hiawatha mißtrauisch. „Und tötete er nicht durch eine einzige Handbewegung viele unserer besten Krieger?"

Aller Augen richteten sich jetzt auf Jonathan, der so gleichgültig dasaß, als befinde er sich daheim in Connecticut in einer Whiskeygesellschaft.

„Wohl, Häuptling, Du sprichst die Wahrheit!" ent= gegnete er langsam und erhob die Rechte, als wolle er dasselbe Manöver noch einmal verrichten. „Der große Zauberer der Bleichgesichter verabscheut Hinterlist, Verrat und Mord; deshalb fügte er den Kriegern der Dakota Schmerzen zu und tötete sie, weil sie das Haus erstürmten, das ihm Obdach und Ruhe gewährte. Er besitzt die Macht, ganze Nationen der roten Männer von der Erde auszu= löschen und er wird es thun, wenn sie seine Wünsche nicht erfüllen!"

Jonathan schwieg, dann erhob er langsam seine Arme

und o Wunder, sie wurden länger und länger und ragten schließlich erschreckend weit in den Kreis der scheu zurück= weichenden Krieger hinein. Und dann wieder schrumpften sie zusammen, klein und unscheinbar und fast schien es, als sitze dort ein Mann ohne Glieder.

„Hugh!" schrie das Volk entsetzt. Die Weiber und Kinder, die atemlos gelauscht, flüchteten tobeserschrocken hinter die Hütten zurück und blickten angstvoll auf den großen Medizinmann. Nur Hiawatha, der sich erhoben, stand scheinbar unerschrocken da.

„Kann der Zauberer der Bleichgesichter noch mehr solche Dinge verrichten?" fragte er.

Jetzt blitzte es in den großen Augen Jonathans zornig auf: „Verlange der Sachem nicht, die Wunder des weißen Zauberers zu sehen; er könnte sonst sein Leben verlieren!" rief er mit erhöhter Stimme. Seine Hand fuhr in eine der vielen Taschen seines Gewandes und nun brach ein Feuerstrom aus seinem Munde und sprühende Funken flogen nach dem jetzt tief erschrockenen Häuptling hinüber. — Noch ein Moment, dann erlosch die glühende Lohe.

„Will der Sachem noch mehr sehen?" fragte Jonathan. „Oder soll ihm der weiße Zauberer aus der Stirn eines seiner Krieger Schmuck für seine Squaw zaubern?"

Hiawatha atmete schwer auf. Er fühlte die raschen Schläge seines Herzens und doch bezwang er die Erregung seines Innern.

„Ja, der Sachem wünscht es!" sagte er.

Jonathan neigte das Haupt, dann blickte er forschend im Kreise umher und winkte einem jungen Krieger zu, der keine Scheu verratend, außerhalb des Kreises verweilte und jeder Bewegung des Bleichgesichtes mit neugierigem Inter= esse folgte.

„Padani!" riefen die Dakota und Hiawatha fuhr erschrocken herum. Sollte sein Sohn, den er so sehr liebte, unter dem Zauber des weißen Mannes erliegen?

Abermals winkte Jonathan und Padani trat furchtlos näher.

„Der weiße Zauberer will nicht das Leben Deines Sohnes, Sachem!" sagte unser Freund aus Connecticut. „Er wird ihm nur die Stirn öffnen und das herausholen, was dahinter liegt!" Er zog einen Dolch aus der Tasche; aber da sprang der Dokotahäuptling herzu.

„Das Bleichgesicht gehe nicht zu weit; es möge sich hüten, oder der Tomahawk eines Sachem spaltet ihm das Haupt!" rief er gegen seine sonstige Natur heftig erregt.

Jonathan sah den Häuptling lange an, dann entgegnete er:

„Sachem, ich nehme an, die Liebe zu Deinem Sohne ließ Dich so sprechen; sonst würde ich keinen Augenblick anstehen, Dich durch eine Bewegung mit der Hand zu Boden zu schmettern. Der große Zauberer der Bleichgesichter läßt sich nicht beleidigen. — Und nun sieh'!"

Jonathan erhob den Dolch*) und stieß ihn gegen seine eigene Stirn, und dann zog er aus der scheinbaren Wunde feines, rotes Seidenband, Meter nach Meter, — ein Experiment, wie es bei den Zauberkünstlern der Gegenwart beliebt ist.

„So, Häuptling, da hast Du etwas für Deine Squaw!" rief Jonathan und warf das Band dem sichtlich erschrockenen Dakota zu. „Sie kann getrost das Band benutzen; denn es bringt weder Krankheit noch Tod. — Doch nun höre, Sachem, ich kam hierher, um die Frau des Trappers von Dir zu erbitten. Gieb sie mir und Dein Stamm wird dafür gesegnet sein allezeit!"

„Hugh!" machte Hiawatha, dann flog sein Blick forschend in die Runde, um die Stimmung der Leute zu erkunden; aber überall stieß er auf ernste, schwer verständ-

---

*) Ein Dolch mit einspringender Klinge, wie er auf der Bühne und von Zauberkünstlern gebraucht wird.

liche Gesichter, auf denen weder Ablehnung noch Beifall geschrieben stand.

„Und was will der weiße Zauberer mit der Squaw des Trappers machen?" forschte der Häuptling.

„Er will sie dem armen Manne wieder zuführen, der alles verloren hat, Hab' und Gut und die Hütte, in welcher er bisher mit seinem Weibe ruhig und still dahinlebte!"

„Die Squaw des Bleichgesichtes muß sterben; denn sie hat viele Krieger der roten Nation getötet!" entgegnete Hiawatha. „Sie kämpfte wie ein Mann; sie soll auch gequält und gemartert werden wie ein Mann!"

„Und das nennen die Dakota Gerechtigkeit?" rief Jonathan mit erhöhter Stimme. „Wer gab Dir und Deinen Leuten ein Recht, in das Land der Blackfeets (Schwarzfußindianer) einzufallen, und das Gehöft eines Mannes zu zerstören, der die Gastfreundschaft einer hochgeachteten Nation genoß? Oder meinst Du, Häuptling, der Trapper hätte sich willig abschlachten lassen sollen, nur zu Eurem Vergnügen? — Er wehrte sich seiner Haut, und wenn die Kugeln der Bleichgesichter einige Deiner Leute töteten, so finde ich das ganz in der Ordnung. Auge um Auge! Blut um Blut!" —

Eine geraume Zeit verstrich. Hiawatha, der noch immer unter dem Zauber des weißen Mannes stand, wußte wirklich nicht, was er thun sollte, und die anderen Häuptlinge wagten nicht zu sprechen und ihr Urteil abzugeben.

„Manitu will, daß das Blut der roten Männer durch den Tod der weißen Squaw gesühnt werde!" sagte der Dakota endlich.

„Nein, das will er nicht!" rief Jonathan und seine Stimme schwoll zu ihrer ganzen Stärke an. „Der große Zauberer der Bleichgesichter wird Manitu fragen!"

Entsetzt fuhr die ganze Versammlung auf. Eine der=

artige Vermessenheit eines sterblichen Wesens war ihnen noch nicht vorgekommen.

Jetzt zum ersten Mal flog ein sonderbares Lächeln über Jonathans bis dahin so unbewegliche Gesichtszüge. Er war jahrelang Mitglied einer den ganzen Osten Amerikas bereisenden Künstlertruppe gewesen, hatte in seinem Fache etwas Tüchtiges geleistet und verstand auch die Bauchrednerkunst. Es war mithin leicht, dies einfache Naturvolk zu betrügen und es glauben zu machen, er stehe mit Manitu selbst in direkter Verbindung. Dieser Gedanke interessierte ihn und gefiel ihm ganz außerordentlich. Vielleicht sprach man noch nach Jahrzehnten von dem großen Bleichgesicht, von dessen Macht und Wunderkraft. —

Die Kunde von dem, was der Zauberer zu thun beabsichtigte, verbreitete sich wie ein Lauffeuer im Orte und lockte selbst die Alten und Schwachen in die Nähe des Beratungsplatzes. Überall lugten schwarze Indianeraugen nach dem Bleichgesicht hinüber, das mit Manitu zu sprechen gedachte.

Jonathan saß da und blickte scheinbar teilnahmlos auf den Rasen zu seinen Füßen. Seine Hände machten sich in einer der größten Taschen zu schaffen; plötzlich hob er seine Arme und nun fuhr eine Rakete zischend auf gen Himmel, um hoch über den Wipfeln der Bäume knatternd zu erlöschen.

„Hugh!" riefen die Dakota, die aus dem Erstaunen gar nicht herauskamen.

Und jetzt wandte Jonathan den Kopf himmelwärts und rief mit seltsam klingender Stimme die Entscheidung Manitus an.

Eine bange Pause entstand. Die Rothäute schrumpften vor Angst förmlich zusammen, hielten den Atem an und lauschten auf die Antwort ihres Gottes. Ha, jetzt klang es wie Grabesstimme aus den Wolken herab:

„Manitu wünscht nicht den Tod des Bleichgesichts-

3*

weibes. Der weiße Zauberer, den ich lieb habe, mag sie mit sich nehmen und sie dem Trapper wieder zuführen. Meine roten Kinder mögen sich trösten, Manitu wird ihnen viel Büffel und fette Weideplätze für ihre Pferde geben. — Manitu wacht über seine Kinder und hat sie lieb!"

Schon längst war jene Stimme verklungen, aber noch immer lag das Volk auf den Angesichtern. Endlich erhob sich Hiawatha, nahte sich ehrfurchtsvoll dem Vertrauten Manitus und sagte:

„Da drüben in dem roten Zelt befindet sich die Squaw des Trappers. Der weiße Zauberer nehme sie und führe sie in die Hütte zurück, aus der sie meine Krieger raubten. Manitu will es und seine roten Kinder, die er lieb hat, beugen sich gern seinen Befehlen!"

Jonathan erhob sich und ging langsam der bezeichneten Stelle des Lagers zu. Wohl bemerkte er, wie sich die Indianerweiber scheu vor ihm zurückgezogen, aber er that, als sehe er es nicht. — Vor der betreffenden Hütte saß Sarah, hatte beide Hände in den Kopf gestützt und weinte. Bei dem schweren Schritt Jonathans fuhr sie erschrocken auf und starrte überrascht auf den Yankee.

„Also auch Euch hat man gefangen genommen?" rief sie. „Hätte man doch lieber den David erwischt, dann säße ich hier nicht so allein und vergessen. Aber freilich, der David bekümmert sich blutwenig um sein armes Weib!"

„Er eben sandte mich, um Sie heimzuholen, Lady!" entgegnete Jonathan und verbeugte sich kavaliermäßig. — Wenn er aber gehofft, Astors Weib werde jubelnd aufspringen und ihm folgen, so irrte er sich gewaltig.

„So, also er kommt nicht selbst und schickt einen Boten!" rief sie zornig. „Das ist Davids Art, ganz nach dem David in der Bibel, der auch zu Hause blieb und Joab abschickte, um die heidnischen Völker zu schlagen!"

„Well, Lady Aster, will verdammt sein, wenn das

nicht ein ganz passendes Bild ist, was Sie da in der Eile zusammenstellen!" meinte Jonathan, der mit beiden Händen in den Hosentaschen und gespreizten Beinen vor Sarah stand und wieder in seinen alten Yankeeton verfiel. „Zwar fehlen an dem Gemälde noch so ein paar alt= testamentliche Pinselstriche, wie z. B. von dem Urias und seinem Weibe, aber ich denke, die passen zu Ihrem David nicht. Doch schneiden wir dieser Unterhaltung das Ende ab. Machen Sie sich fertig, Lady, wir werden sogleich das Lager verlassen und heimreiten!"

Einen Moment schien es, als wolle Sarah der Weisung Folge geben; aber dann kam wieder der böse Geist des Widerspruchs über sie. Sie ahnte nicht, wie die Sache stand und wie viel Mühe der Mann da vor ihr gehabt, um sie frei zu machen. Der Zorn gegen den Gatten, der nicht selbst kam, um sie abzuholen, gewann die Oberhand.

„Sagt nur dem David Astor, wenn ihm an seinem Weibe etwas gelegen sei, so möge er selbst kommen und mich holen!" stieß sie hervor und dann faltete sie die Hände vor dem Knie, wie sie zu thun pflegte, wenn sie den Trotzkopf aufsteckte.

„Well, will verdammt sein, wenn das nicht gerade so kommt, wie ich vermutete!" meinte Jonathan und pfiff leise vor sich hin.

„Und well, ich will verdammt sein, wenn Ihr nicht ganz die Manieren meines David habt!" ahmte Sarah dem Yankee nach. „Dasselbe Pfeifen, dieselben breitspurigen Beine und die Hände in den Hosentaschen, ganz à la Astor aus Montana!"

Jonathan starrte mit offenem Munde auf die Frau, die ihm — der sich zu ihrem Retter aufgeworfen — hier mitten im Lager der blutgierigen Dakota Anstandsregeln beibrachte. So etwas war ihm selbst bei seiner Mary noch nicht vorgekommen.

„Hm, hm!" machte er, dann zog er die Beine zu=

sammen und legte die Hände auf den Rücken. Drüben aus dem Dickicht lugten einige neugierige, braune Gesichter hervor. Endlich begann er:

„Liebste Lady Astor, wenn Sie mich jetzt fortschicken, dann, befürchte ich, geht's Ihnen ungefähr so, wie es mir einst in Connecticut ging.''

„Und wie war das?'' forschte Sarah und sah lächelnd zu ihm auf.

„Well,'' — „will verdammt sein'' wollte er sagen, aber aus Respekt vor Frau Astor verschluckte er die drei Worte. — „Wir hatten drüben in Massachuset ein Vergnügen gehabt. Lauter junge Burschen und Mädchen waren zusammen und da wurde das Tanzen und das Whiskeytrinken etwas stark —''

„Wie gewöhnlich!'' flocht Sarah ein.

„Betrieben!'' fuhr Jonathan fort, der sich seine Sätze nicht gern zerreißen ließ. „Es wurde spät, und da ich noch einige Meilen bis zu meines Alten Gehöft zu gehen hatte, so wollte mich ein alter Bekannter mit sich nehmen, aber ich in meinem Übermut —''

„Und im Whiskeyrausch!'' schob Sarah ein.

„Schlug die freundliche Einladung rund ab und trollte fröhlich und wohlgemut aus dem Orte in den Wald hinein. Well, Lady, herrschte da aber eine Finsternis! Man sah weder Baum noch Strauch, und wenn sich die Hand ausstreckte, so konnte ich keine fünf Finger unterscheiden!''

„Ganz so geht's dem David, wenn er den neuen Brandy probiert!'' meinte Sarah.

„Well, ich arbeitete mich durch das Dickicht und kam endlich an eine Hütte im Walde, die einem gewissen Harry gehörte, aber nur zeitweilig von ihm bewohnt war. Well, Lady, es ging nicht weiter und da faßte ich denn den raschen Entschluß, bei eben jenem Harry zu übernachten. — „Holla!'' schrie ich; aber da kam keine Stimme noch Antwort und nun schlug ich gegen die Thür; aber sie war und blieb verschlossen. Teufel, die Sache war unangenehm;

denn es war kalt und der rauhe Herbstwind machte es
auch nicht wärmer."

„Und das Whiskeyfeuer war bereits erloschen!" fügte
Sarah ergänzend hinzu.

„Diesmal haben Sie's getroffen, Lady!" versetzte
Jonathan und er blickte mit einer gewissen Bewunderung
auf die Frau, die ihre Bemerkungen so treffend einfügte.
„Ich tastete mich rings um die Hütte und da fand ich
schließlich eine Leiter, die aufrecht an der Wand lehnte.
Da oben muß irgend etwas Fehlerhaftes am Dache gewesen
sein, was man zu verbessern gesucht hat, so kalkulierte ich.
Möglichenfalls giebt's da auch ein Loch, durch welches ich
einsteigen kann. — Well, Lady, ich kletterte die Leiter
hinauf, fand das Loch und auch ein am Sparren befestigtes
Seil, das in das Zimmer hinabhing. Will verdammt sein,
Lady, wenn mir das aufgefallen wäre. — Ich quetschte
mich durch die Öffnung, ergriff das Seil und rutschte hinab.
Da plötzlich stieß ich auf etwas Hartes. Was war das?
Ich greife mit der Rechten unter meine Beine und fasse
an einen eiskalten Menschenkopf!"

„Herr des Himmels!" rief Sarah erschrocken.

„Ich sagte gar nichts, Lady!" fuhr Jonathan ruhig
fort. „Aber wie ich aus der Hütte gekommen, das ist mir
noch heute nicht erinnerlich. Erst eine halbe Meile weiter
hielt ich an, um den Schweiß abzutrocknen, der mir förmlich vom Leibe herablief."

„Und wer war das da in der Hütte?"

„Harry selbst, Lady. Er hatte Pferde gestohlen und
dafür hatten ihn die Regulatoren*) in seinem eigenen Hause
aufgehangen. — Und die Lehre aus dieser Geschichte für
Sie?" schloß Jonathan seine Erzählung. „Folgen Sie
den Ratschlägen eines treuen, aufrichtigen Freundes und
Furcht und Entsetzen bleiben Ihnen erspart!"

---

*) Eine Art Kriminalbeamte in Nordamerika, die zugleich Richter,
Gensdarmen und Exekutoren sind.

„Ich bleibe bei den Dakota, bis mich David holt!" entschied Sarah. „Sagt meinem Manne, daß ich ihn erwarte!"

Auch jetzt blieb Jonathan ruhig. Sein Blick haftete lange auf dem widerspenstigen Weibe, dann entgegnete er, die sonst angewandte Höflichkeitsform vermeidend:

„Sarah Astor, mag es Euch nie gereuen, was Ihr in diesem Augenblick thut und möge Euch die Zeit nicht lang werden, bis der David erscheint. Vorläufig kann und wird er nicht kommen; denn er weiß, daß seiner hier der Tod wartet. — Meine Mary war eine widerspenstige Seele, aber weiß Gott, eine Sarah Astor übertrifft sie doch noch um ein gut Stück!"

Er winkte abwehrend mit der Hand, dann wandte er sich und schritt langsam nach dem Platze zurück, auf welchem noch immer die Krieger des Stammes verweilten.

Sarahs Herz klopfte heftig. Schon stand sie im Begriff, Jonathan zurückzurufen; aber sollte sie sich lächerlich vor dem Manne machen? Und wie würde David lachen, wenn er erfuhr, daß sie aus Angst vor den Dakota nachgegeben. Nein, nein, lieber blieb sie hier und trug still und geduldig Leid und Ungemach. Früher oder später mußte ja doch David kommen und sie den Händen der Feinde entreißen. Vielleicht gelang es ihr auch, ohne die Hilfe des Gatten der Gefangenschaft zu entfliehen.

Jonathan blieb vor Hiawatha stehen.

„Sachem," sagte er, „die Frau des Bleichgesichtes will sich nur dem Schutze ihres Mannes anvertrauen und lehnt meine Begleitung ab. Du wirst doch dem Trapper kein Leid zufügen, wenn er kommt, seine Squaw zu holen?"

„Die Dakota werden nur dem weißen Zauberer die Squaw ausliefern, sonst niemandem!" entgegnete Hiawatha ruhig. „Manitu liebt nur das eine Bleichgesicht!" fügte er wie zur Erklärung hinzu.

„Ich dachte es!" flüsterte Jonathan und blickte noch einmal nach der roten Hütte hinüber. „Sachem, wirst Du auch des Trappers Frau sorgfältig behüten, bis der große Zauberer der Bleichgesichter zurückkehrt und sie mit ihrem Willen abholt?"

„Manitu will nicht das Blut der Squaw!" entgegnete der Häuptling ausweichend. „Der große weiße Medizin= mann ist den Dakota allezeit willkommen!"

Damit endete die Unterredung. Jonathan rief sein Pferd, das gehorsam und laut wiehernd herbeitrabte, schwang sich in den Sattel und verließ, von hundert spähenden Augen beobachtet, das Lager.

Vor der roten Hütte saß Sarah Astor und weinte, als sie den ehemaligen Gast ihres Hauses unter den Bäumen des Waldes verschwinden sah.

4. Kapitel.

Der Prairiefuchs.

In Amerika giebt es auf den weit ausgedehnten Prairieen und Savannen keine wilden, sondern nur verwilderte Pferde, welche mit dem Namen Mustangs bezeichnet werden. Heute freilich sind auch diese Tiere fast ganz verschwunden, ebenso, wie die Büffel, die der weiter und weiter westwärts schreitenden Kultur zum Opfer fallen und nach kurzer Zeit nur noch in der Sage fortleben.

Damals, zur Zeit unserer Erzählung, wimmelte es auf den grasreichen Ebenen des wilden Westens von diesen Pferden. In Trupps von acht bis zehn, ja, oft von mehreren Hunderten durchflogen die schlankgebauten Tiere mit flatternden Mähnen die Flur oder weideten friedlich neben kolossalen Büffelherden, ohne von den kraushaarigen und wildblickenden Gesellen belästigt zu werden.

Die Mustangs mit Hülfe des Lassos zu erjagen, war nicht leicht. Erstens gehörte dazu ein vorzüglicher Reiter, zweitens ein ausdauerndes, schnellfüßiges Pferd und drittens eine sichere Hand, um im entscheidenden Augenblicke blitzschnell den Lasso um den Hals des fliehenden Tieres zu werfen. —

Hiawatha, der kühne Sachem der Dakota, fand viel Vergnügen an einer solchen Pferdejagd, und mindestens einmal im Jahre zog er mit den besten und verwegensten Reitern seines Stammes hinaus in die Prairie, um sich diesen Genuß zu verschaffen.

Schon wochenlang rüstete man zu diesem Zuge. Die zu benutzenden Pferde wurden zugeritten, kalt abgewaschen und abgerieben, um den starken Schweiß zu verhindern, weiches, geschmeidiges Leder zu Lasso verarbeitet, Sättel und Riemen erneuert, kurz, alles gethan, um etwaige Miß= erfolge zu verhindern, die troß alledem gerade im ent= scheidenden Augenblicke eintreten können. Stolpert ein Pferd, reißt ein Sattelgurt oder versagt die Schlinge des Lassos, dann ist oft der Fang eines wertvollen Mustangs in Frage gestellt oder geradezu unmöglich gemacht. —

Der Sachem der Dakota ritt mit vierzig seiner besten Krieger nach einer der Savannen, auf welcher wilde Mustangs regelmäßig ihre Äsung vornahmen. Padani begleitete ihn, und der junge Häuptlingssohn saß auf seinem prächtigen Falben wie angegossen; er zählte schon jetzt, troß seiner Jugend, zu den Vornehmsten des Volkes. Seine Kühnheit, sein Mut, sein scharfes Auge waren bekannt und verschafften ihm Ansehen und Ehrfurcht vor seinen Stammesgenossen.

Junge Krieger, die als Kundschafter gedient, brachten soeben die aufregende Nachricht, daß sich unter der Herde der Prairiefuchs befinde.

Dieses Tier, so erzählten sich die alten Indianer, bleibe ewig jung und ewig schön, besitze unglaubliche, durch nichts zu hemmende Schnelligkeit und könne niemals ge= fangen werden. Alle Versuche, die man angestellt, des Mustangs habhaft zu werden, seien vergeblich gewesen, wer ihn aber jemals erjage, der sei ein Begnadigter von Manitu und zu hohem Ansehen und großem Ruhme bestimmt.

Hiawatha schlug sein Lager in der Nähe eines Sees auf, an welchem die Mustangs ihren Durst zu stillen pflegten. Er traf alle Vorbereitungen, um die Tiere zu überraschen oder, wenn der Fang an Ort und Stelle mißglückte, hinaus auf die Prairie zu jagen.

Der See war auf der Waldseite mit dichtem Gebüsch umkränzt, gewährte also hier genugsam Schuß, um die vierzig Mann mit ihren Pferden zu verbergen und einer frühen Entdeckung vorzubeugen.

Schon ganz früh, beim ersten Scheine des Morgenrots stand jeder der Krieger auf seinem Posten. Die Köpfe der Pferde waren verhüllt, um ein unzeitiges Wiehern zu verhindern. — Auf der nahen Prairie weideten mehrere Büffel und weiterhin im Nebelgrau bewegten sich eine Menge Tiere, die sich langsam aber stetig dem Wasser näherten.

Hiawatha stand, sein Pferd am Zügel führend, hinter einem hohen Buschwerk und ihm zur Seite verweilte sein Sohn Padani. Der schlanke, junge Mann schien ruhig, aber in seiner Brust klopfte das Herz zum Zerspringen und hinter der rotbraunen Stirn jagten sich die kühnsten, hochragendsten Gedanken. Wie, wenn es ihm gelänge, den Prairiefuchs zu fangen? Dann wäre er der Auserwählte Manitus und dann erntete er Ruhm und Ehre und machte sich unsterblich. In Liedern würde man ihn verherrlichen, und schon die Pappuse würden seinen Namen stammelnd lernen und noch im Munde führen, wenn der Schnee des Alters ihre Häupter neigte. —

Da wieherten ein paar Rosse auf der Prairie, und dann kam eine Heerde Mustangs im leichten Trabe heran. Ihre Mähnen wallten unter den ungestümen Bewegungen und einige der jüngeren Tiere schüttelten die schlanken, zierlichen Köpfe und bäumten sich und schlugen hinten aus.

Padanis Augen leuchteten; denn an der Spitze, die Führung übernehmend, stolzierte der Prairiefuchs.

Es war ein Pferd, goldig rot, glänzend, mit einem edel geformten Halse, dessen dichte, gelockte Mähne lang herabwallte und die breite Brust berührte. Die zierlichen Hufe flogen schwebend über den Boden und schienen kaum die Erde zu berühren.

Am Rande des Waldes blieb der Führer stehen, äugte in das Dickicht, öffnete die Nüstern und zog die feuchte Luft ein, die nach dem See zu wehte und ihm die Gefahr vorenthielt, die seiner wartete.

Es war in der That ein schönes Exemplar jener prächtigen, verwilderten Pferde, die man früher in den Savannen so häufig antraf. Bei diesem Goldfuchs vereinigten sich Stärke und Zierlichkeit, Schnelligkeit und Anmut harmonisch mit einander, so daß wohl jeder der am See verweilenden Dakotas den ungestümen Wunsch in sich regen fühlte, das majestätische Tier zu besitzen.

Einige graziöse Sprünge brachten den Mustang dem Wasser nahe und Padani fühlte einen Freudenschauer durch seinen Körper beben. Noch ein paar weitere Sprünge und der Fuchs stand am Rande der kristallhellen Seefläche. Einen Moment spitzte er die Ohren, dann trat er mit leichter Bewegung an das Wasser, beugte die Kniee und schlürfte das erfrischende Naß.

Jetzt folgten auch die andern Mustangs; aber plötzlich blieben sie erschreckt stehen; denn einer der leidenschaftlichen Dakota schoß auf seinem Pferde, den gerollten Lasso hoch in der Faust haltend, hinter dem Buschwerk hervor.

Der Goldfuchs machte einen Riesensprung und erreichte das etwas steile Ufer. In demselben Augenblick pfiff der Lasso durch die Luft, traf aber nicht das Ziel; denn das Pferd des Dakota strauchelte, Roß und Reiter glitten die steile Böschung hinab und fielen in den See.

Der Fuchs wieherte laut, schüttelte seine lange, triefende Mähne und entfloh.

Da sprang Padani in den Sattel, ein leichter Schenkeldruck und dahin pflog er auf seinem Falben dem hohen Preise nach. — Fast zu gleicher Zeit tauchten links und rechts und überall die Dakota auf und nun entspann sich einer jener wunderbaren Wettkämpfe, wie sie nur der wilde Westen Amerikas darbietet. Tief auf den Hals ihrer Pferde geneigt, jagten die broncefarbenen Steppensöhne über die blumenreiche Prairie dahin und hin und wieder erscholl ein heller Jagdruf, wenn der oder jener seinem ausersehenen Opfer hart auf den Fersen war.

Wohl eine Stunde verrann, ehe es zu einem günstigen

Resultat kam. Einige Mustangs waren bereits abgefangen; aber die meisten der gehetzten Tiere hielten sich noch zusammen und bewahrten ihre Freiheit. — Abseits von dem Gros galoppierte der Goldfuchs. Er flog spielend leicht über die Ebene dahin und fast schien es, als vermehre sich seine Kraft und Schnelligkeit.

Padanis Falbe hielt sich brav. Zwar flogen große Schaumflocken von seinen bebenden Flanken; aber er blieb dem Fuchs stark auf den Fersen.

Die Gegend veränderte sich. Die Rollprairie begann, d. h. die Fläche zeigte eine Aufeinanderfolge von parallellaufenden, wellenförmigen Erhöhungen, die da und dort zu Hügeln anwuchsen. Diese Erdwellen, mit reichem Gras und glänzendem Grün bedeckt, erinnern an das Meer nach einem Sturme. Sie sehen aus, als wären sie solche Wogen gewesen und seien durch den allmächtigen Willen des Schöpfers festgehalten und in Erde verwandelt worden.

Ein großes Hundedorf zeigte sich und der Fuchs, die Gefahr des unterminierten Bodens wohl erkennend, war genötigt, einen großen Bogen zu machen, und das kam Padani zustatten: Er nahm die Sehne des Halbkreises und näherte sich dem Fuchs bis auf dreißig Schritte. Schon hielt die Faust des Indianers den sorgfältig gerollten Lasso und schwang ihn in kreisförmiger Bewegung um den Kopf.

Der verfolgte Mustang wieherte angstvoll, warf einen schnellen Blick hinter sich und bog dann scharf nach rechts, um der drohenden Gefahr zu entgehen; aber das war sein Verderb. Er geriet in den letzten Ausläufer der Hundestadt, strauchelte über einen Erdhügel, und nun flog die Schlinge, von geschickter Hand geschleudert über seinen Kopf und legte sich kunstgerecht um den schlanken Hals.

Mit dem Wurf riß Padani sein Pferd herum — ein gewaltiger Ruck und der Goldfuchs lag entsetzt aufstöhnend auf der Erde und schlug mit seinen Hufen den weichen Rasen.

Ein Jubelschrei entrang sich dem Munde des Dakota.

Was er mit sehnendem Herzen gewünscht, war in Erfüllung gegangen. Das stolze Prairieroß gehörte ihm. Seine Augen funkelten und sein Herz blähte sich vor Stolz. Was niemand bisher vermocht, das war ihm gelungen, ihm, dem jüngsten Krieger eines berühmten Stammes.

Der Fuchs schnappte nach Luft. Padani lockerte das Seil und augenblicklich sprang der Mustang auf seine Füße, um zu entfliehen, wurde jedoch sofort wieder zu Boden gerissen. Dies Experiment ist qualvoll, muß aber angewandt werden, um dem Tiere die Wildheit zu rauben und gefügig zu machen. Es muß einsehen lernen, daß die menschliche Kraft die überwindende, die besiegende ist.

Nach kaum einer halben Stunde beugte sich der Mustang, wenn auch widerstrebend unter den Willen des Stärkeren. Seine Kniee zitterten und seine Flanken schlugen vor Aufregung; aber er folgte dem Falben und ließ sich langsam rückwärts führen. Von Zeit zu Zeit kehrte zwar der alte Trotz wieder zurück, sobald aber der Lasso die Kehle zuschnürte, fühlte der Fuchs seine Ohnmacht und gab seinen Starrsinn auf.

5. Kapitel.

Tatanka, der Schwarzfußindianer.

Droben am klaren, wolkenlosen Himmel funkelte das Heer der Sterne. Leise, vom Winde bewegt, neigte sich das Geäst der Bäume und in den Wipfeln rauschte es so geheimnisvoll, als ob Gott Zephyrus*) selbst mit leisem Flügelschlage darüber hinwehe. Auf der Prairie herrschte tiefe Stille; nur einige Wölfe huschten vorüber und umschlichen, nach Beute spähend, das Dorf der Dakota. —

An den Stamm einer Traubeneiche gelehnt, stand ein indianischer Wachtposten. Er hatte beide Hände auf den Lauf seiner Büchse gelegt und horchte, den Kopf leicht gesenkt, in die Nacht hinaus. Kein Laut war vernehmbar, selbst das monotone Zirpen der Cicaden war verstummt, und hätte sich nicht hin und wieder aus einem großmächtigen Baume das Rucksen einer wilden Taube hören lassen, so hätte man meinen sollen, die Natur sei vollständig ausgestorben.

Kaum hundert Schritte von der Schildwache entfernt lag in dem hohen Grase versteckt ein Schwarzfußindianer. Seit einer halben Stunde bereits verweilte er hier und beobachtete den unter der Traubeneiche stehenden Dakota. Jener Krieger versperrte ihm den Weg nach dem Dorfe und nach der Hütte seines Todfeindes Hiawatha.

---

*) Einer der vier Hauptwinde und zwar der Westwind. Er war als freundlicher Jüngling mit Flügeln auf dem Rücken und einem Kranz von Blumen auf dem Kopfe abgebildet.

Endlich verließ der Wachtposten seinen Standort und wandte sich dem Dorfe zu. Er ahnte nicht, daß ein gefährlicher Feind seines Volkes seinen Spuren folgte, schlangengleich durch das taubenetzte Gras dahinglitt und den Fluß zu erreichen strebte.

Jetzt bellte ein Hund. — Er witterte die das zum Trocknen aufgehängte Büffelfleisch umschleichenden Coyotes, und sofort schlugen drei, vier andere Tiere an und zwar an verschiedenen Stellen des Lagers.

Jetzt hatte der Schwarzfuß den bereits früher erwähnten Fluß erreicht, blickte noch einmal spähend nach allen Seiten umher und stieg dann vorsichtig in das Bette hinab. Da löste sich ein Steinchen vom Ufersrande und fiel klatschend in das Wasser. So unbedeutend auch das entstandene Geräusch sein mochte, der Dakota hatte es doch vernommen, und wenige Augenblicke später erschien er an dem Flusse und zwar genau an der Stelle, an welcher sich der nackte Körper des Schwarzfußindianers gegen das dunkle Gestein schmiegte.

Mochte der Sioux etwas Auffälliges bemerkt haben, genug, er knieete nieder, stützte beide Hände auf den hier etwas überspringenden Rand des Ufers und spähete in die Tiefe. — Da sprang der Schwarzfuß empor und umspannte mit ehernem Griffe den Hals des unglücklichen Indianers. Wohl suchte sich der Dakota den Fäusten des Gegners zu entwinden; aber es gelang ihm nicht: Er verlor den Halt und glitt langsam das abschüssige Ufer hinab in das Wasser.

Mit wilder Freude beobachtete der Sieger die letzten Zuckungen seines Opfers; dann zog er dem getöteten Sioux seine Kleider ab, beraubte ihn seines Skalpes, nahm ihm Messer und Medizinbeutel und bettete ihn zwischen das kalte Gestein des Flusses.

Fünf Minuten später stieg der verkleidete Schwarzfuß aus dem Wasser, ergriff die Büchse des Getöteten und schritt nun dreist und sicher dem Dorfe zu. — Da tauchte

einer der vielen frei umherlaufenden Dakotahunde auf. Vorsichtig kam er heran, beschnupperte den Fremdling, zog sich
aber, in ihm einen Bewohner des Ortes vermutend, schweifwedelnd zurück.

Wohl eine Viertelstunde ging der Schwarzfuß auf und
ab, dann schritt er durch den Ring der Hütten, umschlich
den Beratungsplatz und blieb endlich vor drei dicht nebeneinander liegenden Wohnungen stehen, die, hart an einem
kleinen Kieferndickicht erbaut, durch ihre gefälligen Formen
auffielen. In der großen, skalpgeschmückten Hütte wohnte
Hiawatha mit seiner Squaw, in der zweiten das kaum
sechzehnjährige Töchterlein der beiden und in der dritten
endlich der Häuptlingssohn Padani. Der Wigwam des
jungen Mannes war besonders kenntlich durch den langen,
im Winde flatternden Pferdeschweif, ein Erinnerungs-
zeichen an die jüngste Heldenthat des ehrsüchtigen jungen
Dakota.

Dorthin richtete auch der Schwarzfuß seine Schritte.
Vor der Hütte angekommen blieb er stehen, blickte noch
einmal vorsichtig in der Runde umher, legte dann die er-
oberte Büchse auf den weichen, grasbedeckten Boden und
schlüpfte dann, die den Eingang verdeckende Büffelhaut bei
Seite schiebend, in das Innere des Zeltes. Drinnen
kauerte er sich auf den Boden, nahm das Messer zwischen
die Zähne und tastete mit den Händen nach der Lagerstätte
Padanis.

Plötzlich stieß seine Rechte gegen einen harten Gegen-
stand und sofort schnellte ein menschlicher Körper unter
einer Bärenhaut hervor, stieß einen gellenden Schrei aus
und stürzte sich dann auf den Feind.

Und nun entbrannte im Dunkel der Nacht ein Kampf
auf Leben und Tod. Padani gelang es, dem Schwarzfuß
das Messer zu entreißen und in den entferntesten Winkel
der Hütte zu schleudern; aber sich den sehnigen Armen des
Feindes zu entwinden, gelang ihm nicht, und er hätte er-

liegen müssen, wäre ihm nicht Hülfe von seinen Stammes=
genossen zuteil geworden.

Fackellichter flammten auf. Der Vorhang des Zeltes
wurde zurückgerissen und dunkle Gestalten stürzten herein.
Wohl suchte der Schwarzfußindianer, den Kampf mit Pa=
dani aufgebend, zwischen den Dakotakriegern hinburchzu=
schleichen, aber viele Hände griffen zu und hielten ihn fest.

„Tatanka!" stieß Hiawatha hervor und wich bestürzt
mehrere Schritte zurück; aber im nächsten Moment legte er
beide Hände an den Mund, ließ mehrere gellende Rufe er=
tönen und alarmierte die Dorfbewohner.

Aus den Hütten stürzten die Krieger. Weiber und
Kinder flüchteten scheu an die verstecktesten Orte des Lagers
in der Voraussetzung eines bevorstehenden, erbitterten
Kampfes. Einige beherzte Squaws warfen trockenes Reisig
auf die erlöschenden Feuer, und nun lohten überall helle
Flammen empor und beleuchteten das Dorf selbst über die
nächste Umgebung hinaus. Läufer untersuchten die nahe=
gelegenen Wälder nach Feinden, doch fanden sie nur die
verstümmelte Leiche des Stammesgenossen im Flusse, nicht
aber feindliche Krieger.

Die Kunde von der Gefangennahme des gefürchteten
Tatanka, Sachem der Schwarzfußindianer, verbreitete sich
mit Blitzesschnelle im Dorfe, und von allen Seiten strömten
die Bewohner herbei, den Feind zu sehen, der es gewagt,
allein mitten in das Herz des Lagers vorzudringen, um den
Sohn des geachteten Hiawatha zu töten.

Da stand er gefesselt im Kreise der Dakota, so ruhig
und gelassen, als sei jede Gefahr für ihn ausgeschlossen.
Gleichgiltig blickte er auf seine Umgebung und kein Zucken
seines edel geformten Antlitzes verriet, daß ihm die
Drohungen der halbwüchsigen Knaben oder die abscheulichen
Schmähungen der zornigen Weiber zuwider seien.

Die Dakotakrieger beachteten ihren Feind nicht. Sie
standen auf ihre Büchsen gelehnt und erwarteten in schein=

barer Gemütsruhe die Nachrichten noch einiger fehlender Läufer.

Eine halbe Stunde später versammelten sich alle stimm= berechtigten Männer in der Beratungshütte und scharten sich um ihre Häuptlinge; draußen aber harrte des Volkes Menge und erwartete mit Spannung den Ausgang der hochwichtigen Angelegenheit, die diesmal schwerwiegende Folgen nach sich zog und unter jeden Umständen einen langen, blutigen Krieg herbeiführen mußte.

Die Beratungshalle war durch zahlreiche Fackeln fast tageshell erleuchtet; man konnte selbst die gefurchten Ange= sichter der ernst dreinschauenden Krieger klar und deutlich erkennen; aber diesmal schien es, als leuchte aus jedem Augenpaar die tiefste Besorgnis. — Schweigend kreiste das geheiligte Kalumet, und erst, als die Beratungspfeife die Runde gemacht und die „Schwarze Natter,“ einer der an= gesehensten Häuptlinge nach Hiawatha, sich zur Rede er= hob, schien der Bann von der Versammlung gewichen zu sein.

„Meine Brüder von den „Sieben Beratungsfeuern“ wissen, daß die Dakota weder Hinterlist noch Blutgier kennen,“ hob der Indianer an und seine Stimme klang weich und lind. „Wir leben untereinander in Ruhe und Frieden, jagen den Hirsch, den Bär und den Büffel und freuen uns, wenn Squaws und Pappuses Fleisch haben und dick und fett werden. Wir gönnen den umwohnenden, roten Stämmen ihre Nahrung, mischen uns nicht in ihre Händel und beklagen es tief, wenn die Streitaxt zwischen ihnen zur Geltung gelangt!“

Hier machte der alte, listige Indianer eine Kunstpause, der Versammlung Zeit lassend, die lügnerischen Phrasen in sich aufzunehmen und zu verarbeiten. Er selbst glaubte wohl schwerlich an die Friedfertigkeit und Nächstenliebe seines Stammes und gehörte wohl mit zu denen, welche Raub und Mord für notwendig erachteten und Einigkeit

und Brüderlichkeit als durchaus unnütz und überflüssig an-
sahen.

„Manitu ist mit den Dakota!" fuhr die „Schwarze
Natter" fort. „Er segnet sie, giebt ihnen fette Weideplätze und mehr Wild, als sie zu verzehren vermögen. Hat
er uns nicht selbst durch den Mund des weißen Zauberers
seine Huld und Gnade versichern lassen, und hat er uns
nicht den Prairiefuchs zugeschickt, als ein Zeichen seiner
Liebe und seines Wohlwollens?"

Jetzt wechselte der Häuptling plötzlich sein Thema und
seine Stimme schwoll nach und nach zu ihrer vollen
Stärke an:

„Die Blackfeets sind hinterlistig und feige! Sie
scheuen das Tageslicht und schleichen im Dunkel der Nacht,
wie die Coyotes. Seht dort jenen Schwarzfuß! Wie er
ist, so sind sie alle, und würden wir nicht unsere Augen
offen halten, so würden wir alle erliegen, nicht im offenen,
ehrlichen Kampfe, sondern durch boshafte Hinterlist. Warum
verhandeln wir eigentlich über einen Feigling, der die
Schwäche eines Knaben und die Ungeschicklichkeit eines
Weibes besitzt? Der Schwarzfuß würde am Marterpfahl
winseln wie der erschrockene Prairiehund; deshalb mögen
unsere Jünglinge, die noch keinen Kriegspfad betreten, ihre
Geschicklichkeit an ihm beweisen und die Schärfe ihrer
Pfeile an ihm probieren. Ich habe gesprochen!"

Lauter Beifall lohnte diese aus Stolz und Haß zusammengesetzte Rede und namentlich die jüngeren Krieger
jauchzten dem wegen seiner Blutgier allseitig bekannten
Dakota zu.

Der zweite Redner war das „Wilde Roß." In
seiner Jugend ein ungestümer, alle Schranken der Vorsicht
überspringender Bursche, zeigte er jetzt als hochbetagter
Mann eine seltene Ruhe und Gelassenheit. Jedes Wort
wurde erst genau abgewogen, ehe es über die Lippen kam
und im großen und ganzen betrachtete er eine weitere Zurückhaltung, namentlich dem Gefangenen gegenüber.

„Wer kennt nicht Pabani, den Sohn unseres Sachems?"
begann er. „Das „Wilde Roß" war bereits ein berühmter
Krieger, als Pabani noch zu den Pappusen zählte und
schon damals freuten wir uns alle über den Knaben, über
seine Geschicklichkeit und Gewandtheit, aber auch seine Folg-
samkeit und Demut. Wir liebten ihn und hofften, er
werde dereinst ein tapferer und berühmter Krieger werden.
Und er ist es geworden! Das beweisen seine Thaten, das
beweist aber auch die Verehrung, die ihm allseitig entgegen-
gebracht wird. Hat er nicht den Büffel, den Bär erjagt
und auch den klugen Biber in seinem Wasserhause gefangen? Ja, selbst der Prairiefuchs, den Manitu mit
außerordentlicher Schnelligkeit begabte, mußte sich ihm
unterwerfen." — Der Sprecher warf einen schnellen Blick
auf den Gefangenen, dann fuhr er fort: „Und nun kam
jener Blackfeet in dunkler Nacht, tötete einen unserer besten
Krieger, schmückte sich mit den Farben unseres Stammes
und scheute sich nicht, auf Pabani, unsern Liebling, den
Mordstahl zu zücken. Manitu hat ihn der That verhindert;
er liebt seine roten Kinder und will, daß niemand aus
unserm Volke durch die Hand eines Schwarzfußes sterbe!"

Jetzt erhob sich ein großer Tumult. Wutschreie ertönten und Verwünschungen gegen den Gefangenen wurden
laut; Waffen klirrten und zahlreiche, nackte Arme streckten
sich aus, als wollten sie den feindlichen Indianer sofort zu
Boden schmettern.

Tatanka stand scheinbar so teilnahmlos da, als be-
rühre ihn die ganze Angelegenheit gar nicht und als sei
nicht von ihm, sondern von einem unbekannten, wildfremden
Menschen die Rede. In Wahrheit aber achtete er auf
alles, was um ihn her vorging, und selbst die ziemlich laut
gemachten Bemerkungen da draußen hinter den Zeltwänden
gingen nicht an seinem Ohre vorüber.

Tatanka war eine interessante Erscheinung und von
der Natur nicht stiefmütterlich bedacht. Seine schlanke,
schöne Gestalt kam bei der enganschließenden, reich

mit Stickereien verzierten Kleidung recht zur Geltung. Aus dem tiefgebräunten, edel geformten Antlitz strahlten ein Paar tiefschwarze Augensterne, die gewöhnlich ruhig vor sich hinblickten, zeitweilig aber in einem seltenen Feuer aufleuchteten. Auf dem Kopfe trug der Sachem eine Mütze von Hermelin mit zwei Büffelhörnern, die nur „Tapfere" tragen dürfen und die man dem Häuptling, nachdem man sie am Ufer des Flusses aufgefunden, wieder zugestellt hatte. —

Das „Wilde Roß" winkte mit der Hand und sofort verstummte das Getöse der Beratungshütte.

„Meine Brüder wissen alle, daß das Kriegsbeil zwischen uns und den Schwarzfüßen tief begraben lag," fuhr der alte Dakota fort. „Beide Nationen verkehrten in friedlicher Weise miteinander und keiner störte den Besitz des andern. Noch lange hätte dieser Zustand dauern können, wenn die Schwarzfüße es gewünscht hätten; aber ihr Sachem wollte den Krieg, deshalb grub er heimlich das Kriegsbeil wieder aus, um mit ihm einen unserer Besten und Tapfersten zu erschlagen. Warum erschien Tatanka, der Häuptling der Schwarzfüße und zerstörte den Frieden zweier mächtiger Völker, und warum erwählte er sich gerade den unter uns, an dem viele hundert Herzen in Liebe hängen? Er möge uns das sagen und sich verteidigen, wenn er kann oder schweigend die schwere Schuld sühnen, die er auf sein Haupt lud!"

Eine lange Pause entstand. Man hörte das Knistern der Feuerbrände und die stärkeren Atemzüge einiger tief erregten Dakota. Endlich entgegnete Tatanka mit wohlklingender Stimme:

„Viele Jahre sind über das Haupt des „Wilden Rosses" dahingegangen. Seine Haare bleichten unter der Sonne des Sommers und unter dem Schnee des Winters. Sein Körper verlor von der einstigen Kraft; aber sein Verstand reifte und seine Erfahrung wuchs. Oder irrte sich Tatanka? — Weiß der Häuptling nicht, was jener

Krieger dort, der sich Hiawatha nennt, mir und meinem Stamme zufügte? Hat er vergessen, daß der Sachem heimlich in unser Dorf einbrach, meinen Vater erschlug und meiner Mutter den Ernährer, den Berater, den Gatten raubte? — Damals ruhte auch das Kriegsbeil tief im Schoße der Erde und Friede herrschte zwischen Euch und uns. Jener Mann dort haßte meinen Vater, beneidete ihn um den Ruhm, den er genoß und mißgönnte den Schwarzfüßen einen Sachem, der das Volk groß und mächtig gemacht und sich durch seinen Edelsinn die Liebe einer ganzen Nation errungen. Hiawatha stieß meinem Vater das Messer in das Herz und entkam; — Tatanka war nicht so glücklich, er wurde ergriffen, ohne seine Rache erfüllt zu haben, und wenn nun das „Wilde Roß" fragt, warum der Sachem der Schwarzfüße in das Dorf der Dakota kam, so möge er sich zuvor an Hiawatha wenden und ihn zum Bekenntnis einer Schuld bringen, die noch heute ungesühnt vor Manitus Thron lagert. — Tatanka hat nichts gethan, was Blut fordert; aber er weiß, man wird ihn an den Marterpfahl binden und ihm das Fleisch stückweise vom Leibe reißen. Ich habe gesprochen!"

Eine lautlose Stille trat ein. Jeder ahnte, daß der Schwarzfußhäuptling die Wahrheit redete und in der Brust manches rechtlich denkenden Dakota regte sich ein Gefühl des Mitleids mit dem Sohn eines Mannes, den der eigene Sachem vor vielen Jahren heimtückisch ermordet. Aber die sanfteren Regungen verschwanden unter dem Ungestüm der Jugend und unter den wilden Reden eines dritten Häuptlings, der die Versammlung aufforderte, kein Mitleid zu zeigen, ja sogar den Zufall pries, der ihnen den Vornehmsten der Blackfects in die Hände geliefert. —

Eine halbe Stunde später war das Urteil gesprochen: Tatanka sollte zu Tode gejagt werden. —

Am Nachmittage versammelten sich die Krieger der Dakota draußen auf der Prairie. Sie führten weder Speere, noch Pfeil und Bogen mit sich, sondern Messer, um schließlich dem armen, müde gehetzten Tatanka den Skalp vom Schädel zu schneiden.

Einige jüngere Sioux führten den vorher durch Speise und Trank erquickten Gefangenen vor das Dorf und befreiten ihn von den Fesseln. Tatanka atmete erleichtert auf, als sich die Seile von Armen und Füßen lösten. Er rieb mit den flachen Händen die wunden, blutunterlaufenen Stellen; aber erst nach langer Zeit kehrte das pulsierende Leben in die fast abgestorbenen Gliedmaßen zurück.

Schon sollte die Jagd beginnen, da entstand eine Aufregung in der Versammlung. Ein eisgrauer Indianer, an Krücken gehend, brach sich Bahn durch die Menge und blieb vor dem Gefangenen stehen. Sein Gesicht war fleischlos, nur aus den tiefen Augenhöhlen glänzten ein Paar Augensterne so klar und ungetrübt, als gehörten sie einem jugendfrischen, lebenswarmen Menschen an.

Alles wich ehrerbietig zur Seite und machte dem Greise Platz, der kein geringerer war, als der Obersachem, der berühmte „Graue Bär" selbst. Rheumatische Schmerzen verdammten den Alten zur Unthätigkeit; aber trotzdem stand er bei dem Volke in hohem Ansehen und Alt und Jung lauschte auf seine Ratschläge und seine Befehle. —

„Der „Graue Bär" hat von dem Entschluß seiner roten Kinder vernommen," hob der Indianer mit zitternder Stimme an, „aber er ist mit den Ausführungen der Krieger nicht einverstanden, weil sie gegen die Befehle Manitus verstoßen. Mein Volk höre, was der Mund des Obersachems spricht: Ihr alle kennt den Prairiefuchs. Seit vielen Menschenaltern jagt das edle Roß über die Prairie ohne Aufenthalt, ohne Heimat. Es wird nicht alt, bleibt ewig jung, ewig frisch und ewig grün. Es nährt sich weder von dem Büffelgras, noch von dem Laub der Bäume. Es trinkt den Tau der Morgenröte und daher hat ihm Manitu besondere Schnelligkeit gegeben, eine Schnelligkeit, die von keinem Tier der Steppe übertroffen wird!" —

Laute der Bewunderung ertönten, selbst Tatanka, der unter der Menge stand und die günstige Zeit der Flucht verabsäumte, konnte einen Ruf des Erstaunens nicht unterbrücken.

„Manitu sandte den Dakota, seinen geliebten Kindern, den Prairiefuchs; aber sein Segen wird erst dann auf dem Volke ruhen, wenn ein vornehmer Feind auf dem Rücken des edlen Tieres getötet worden ist. Bindet den Schwarzfuß auf das Roß und dann jagt beide in die Steppe hinaus!"

Eine tiefe Bestürzung erfaßte die Anwesenden. Einen derartigen Schluß hatte niemand erwartet, am wenigsten wohl Hiawatha. Murrende Stimmen erhoben sich, und einer der angesehensten Häuptlinge wagte zu erwidern:

„Mein weiser Vater irrt wohl! Wenn Manitu uns den Prairiefuchs sandte, so wünscht er auch, daß wir ihn behalten. Der Segen des „Großen Geistes" geht den Dakota verloren, wenn sie das edle Tier von sich lassen!"

Der Obersachem winkte gebieterisch mit der Hand.

„Der „Graue Bär" weiß, was er sagt!" entschied er mit aller Bestimmtheit. „Kein Zweifel beschleiche die Herzen meiner roten Kinder. Nur durch das Blut des gefangenen Tatanka, auf dem Rücken des Pferdes vergossen, kann den Dakota der Segen Manitus zugeführt und ewig erhalten werden. Wer den ersten Speer in das Fleisch des Feindes bohrt, — der sei hoch gepriesen und angesehen bei den Stammesgenossen. Der Prairiefuchs selbst geht Euch nicht verloren, denn er wird sofort stillestehen, sobald Ihr die Bürde seines Rückens mit Euren Waffen berührt!"

Jetzt jauchzten die Krieger laut auf. Diese Deutung des Obersachem gefiel den kühnen, nach Effekt haschenden Kriegern; selbst die Weiber und Kinder waren entzückt davon.

In aller Eile traf man die erforderlichen Vorbereitungen, und in kurzer Zeit hielten die Dakota, mit langen

Lanzen bewaffnet, auf der Prairie und warteten mit Be=
gierde auf den Beginn der für sie interessanten Hetz=
jagd. —

Hiawatha saß mit umwölkter Stirn auf seinem präch=
tigen Rappen. Der Sachem zweifelte an dem glücklichen
Ausgange der Sache. Wie, wenn nun der Prairiefuchs
nicht eingeholt werden konnte oder wenn ein anderer, als
sein Sohn Padani den Sieg davontrug? — Ein Gefühl
grenzenlosen Hasses stieg in ihm auf. Den Verlust des
Pferdes hätte er verschmerzen können, nicht aber das Ent=
kommen des überaus gefürchteten Feindes.

Mehrere Krieger führten den Fuchs herbei. Das
Tier gebärdete sich wie unsinnig und schlug wild umher.
Nur mit Mühe und Not gelang es, den Schwarzfuß auf
dem Rücken des edlen Mustang zu befestigen, und dann
gab man das zornig aufwiehernde Roß frei.

Einen Augenblick stutzte der Fuchs; er schien noch zu
zweifeln, ob er mit der entsetzlichen Last auf seinem Rücken
über die Ebene dahinjagen dürfe. Jetzt richtete er sich
kerzengerade empor, und nun schoß er wie ein Pfeil hinaus
auf die Prairie. Ihm nach stürmten die Dakota.

6. Kapitel.

Unter Bekannten.

Unter einem hohen Laubgewölbe prächtiger, hundert-jähriger Eichen lagerten drei Männer. Zwei aus der kleinen Gesellschaft sind uns von früher her bekannt und zwar David Astor, der Trapper und Jonathan Whiskey, der Mann aus Connecticut.

Jonathan hatte gleich nach seiner Rückkehr aus dem Lager der Dakota den Trapper aufgesucht und ihn von den Wünschen seiner Gattin in Kenntnis gesetzt. Wenn er aber erwartet, Astor werde in Verwünschungen und Schmähungen gegen sein Weib ausbrechen, so irrte er sich: der Trapper hatte nach kurzem Nachdenken geäußert: „Ich glaube, es ist am besten, wenn die Sarah noch einige Zeit bei den Rothäuten verbleibt; möglichenfalls trägt das zur Läuterung ihres inwendigen Menschen bei!"

„Well, will verdammt sein, wenn das nicht ein außerordentlich vernünftiger Gedanke ist!" hatte Jonathan darauf erwidert und dann waren die Zwei in trauter Ge-meinschaft bei einander geblieben. Der Mann aus Con-necticut fand Gefallen an dem bewegten und gefährlichen Trapperleben und schloß sich Astor dauernd an. Mit seinem Aeußern nahm er nach und nach eine wesentliche Veränderung vor, verbannte den langen Tuchrock mit den vielen Taschen, kleidete sich in Leder, wie die Prairie-männer, und trug Leggins und lange Mokassins nach dem Muster der Indianer Nordamerikas. — Jonathans Körper, vorher fleischlos, begann sich mehr zu runden, und dadurch gewann der Yankee ganz außerordentlich), ja, er erklärte wiederholt, wenn ihn jetzt seine Mary sähe, sie würde sich sterblich in ihn verlieben und sich wohl wieder allsonntäglich von ihm zu Tanze führen lassen und die Nachbarsöhne keines Blickes würdigen. —

Seit einiger Zeit befand sich in der Gesellschaft der beiden Trapper ein Kundschafter und Waldläufer, namens Kolter, ein ehemaliger Jagdgefährte und treuer Freund Astors. Die Indianer fürchteten den Mann, nannten ihn „Eisenauge" und legten ihm eine höhere „Medizin" bei, weil er alle ihre Angriffe siegreich zurückschlug und ihnen stets zu entschlüpfen wußte.

Kolter war bereits über sechzig Jahre alt; doch merkte man seinem durch Strapazen abgehärteten Körper kein Nachlassen der Kraft an. Der Mann schien eiserne Muskeln und eiserne Glieder zu besitzen, so spielend leicht ertrug er die größten Beschwerden. Eine gewisse Gesprächigkeit haftete auch ihm an, doch wählte er gewöhnlich kurze, knappe Sätze und bemühte sich, die bei den Prairiemännern landläufigen Ausdrücke der Roheit zu verbannen.

Jonathan gegenüber beobachtete Kolter eine gewisse Zurückhaltung, als er aber herausgefunden, daß der Mann aus Connecticut ein braves, treues Herz in der Brust trug und für das Leid seiner Mitmenschen durchaus empfänglich war, — da ließ er sich gern mit ihm in einen längeren Disput*) ein, ohne ihm jedoch seine eigene Meinung aufzudrängen.

Die Männer waren soeben erwacht.

Der Osthimmel strahlte in Purpurglut und die nahe Prairie schien in Feuer getaucht zu sein, so glühte sie. An den Gräsern blitzten und funkelten die Tautropfen der Nacht und es schien, als sei die ganze Ebene ein einziges

---

*) Wortwechsel, Wortstreit.

großes Geschmeide, das soeben unter der Künstlerhand eines Juweliers entstanden.

Unter dem tiefgrünen Blätterdom des Waldes regte und rührte sich das tierische Leben. Die amerikanische Nachtigall, der Spottvogel, schmetterte ihre klang= und melodiereichen Weisen in den azurblauen Morgen hinaus; die wilde Taube ruckste und flatterte von Ast zu Ast, von Baum zu Baum und selbst der scheue Truthahn ließ sich durch das Gestampfe der drei Reitpferde nicht abhalten, seinen glucksenden Kehllaut hervorzubringen. —

Jonathan holte einige dürre Reiser aus dem Walde, Astor zündete ein Feuer an, um ein paar feiste Büffel= rippen zu braten, und Kolter, der sich den Pferden wid= mete, führte die Tiere an den nahen Bach, schwemmte sie ab und trieb sie dann auf die Weide. Jetzt trat er zu den Gefährten.

„Es ist heute eigentlich ein wichtiger Tag für mich,“ sagte er, beide Hände auf den außerordentlich langen Lauf seiner mit Nägeln beschlagenen Büchse stützend. „Ich glaube, es sind heute fünfundsechzig Jahre her, daß ich das Licht der Welt erblickte!“

Astor und Jonathan schüttelten dem hochbetagten Geburtstagskinde die Rechte und brachten ihre Glück= wünsche dar.

„Hoffe von Herzen, John, daß Du noch manches Jährchen in den Prairien umherwandern magst!“ meinte der Trapper treuherzig.

„Will's wünschen, alter Kamerad!“ versetzte Kolter und nickte dem Gefährten freundlich zu.

„Will verdammt sein, Mann, wenn wir nicht diesen Tag in außerordentlicher Weise begehen!“ fiel Jonathan ein, begab sich zu seinem Pferde, öffnete eine der Sattel= taschen und kehrte mit einer Flasche zurück. „Habe da noch einen alten, ich glaube, hundertjährigen Cognac auf= bewahrt für besondere traurige oder freudige Ereignisse. Well, will verdammt sein, wenn das edle Getränk nicht gerade heute am Platze ist!" Er zog den Korken heraus, hielt die Flasche gegen das Morgenlicht und überreichte sie dann dem Waldläufer.

„Alle Wetter, das ist wirklich eine vorzügliche Gabe Gottes!" rief der Alte gut gelaunt und gab die Flasche an Astor weiter.

„Teufel, der Jonathan hat da einen famosen Tropfen!" pflichtete dieser bei. „Aber nun ist's Zeit zum Frühstück. Setze Dich hierher, John Kolter, auf den Ehrenplatz, und da hast Du die beste Büffelrippe. — Höre doch einmal, Kamerad, wie die Vögel singen; sie bringen Dir ein Morgenständchen, und auf der Prairie hast Du in den blitzenden Tautropf=Diamanten das schönste Geburtstags= geschenk!"

„Du rührst mich, alter Freund!" entgegnete Kolter und reichte dem Gefährten noch einmal dankend die Hand hinüber. „Ich feiere meine Geburtstage seit vielen Jahren in Gottes herrlicher Natur; aber weißt Du, David, jedes= mal, wenn der Tag wiederkehrt, ergreift's mich ganz selt= sam. Mir kommt es vor, als schließe ich mit unserm Herrgott einen neuen Kontrakt ab auf ein weiteres Lebens= jahr und als unterschreibe ich einen neuen Wechsel. Heute sind's schon fünfundsechzig solcher Schuldscheine; ob ich sie jemals zu tilgen vermag? — Ich glaub's kaum!"

Jonathan hatte schweigend sein Fleisch verspeist. Jetzt drehte er den Knochen wiederholt nach links und rechts herum und sagte:

„Well, meine Herrschaften, da wir gerade bei einem Geburtstage sind, so fällt mir da eine Geschichte aus Connecticut ein, die ich leibhaftig mitgemacht habe!" Er nagte zuvor die letzten Fleischfasern von der Büffelrippe, dann begann er seine Erzählung: „Mein Alter hatte das so an sich, daß er seine Nachbarn mit Geburtstagsgratu= lationen bedachte, mündlich natürlich, denn vom Schreiben besaß er keine Ahnung. — Da sagte nun eines Tages mein Alter zu mir: „„Höre, Jonathan, morgen feiert Nach=

bar Tobias, der Junggeselle, seinen Jahrestag, und da werden wir ihm ein Frühständchen darbringen. Du spielst auf Deiner Harmonika den Yankee-Doodle und ich halte darauf eine Rede mit einer starken Anspielung auf den famosen Whiskey, den der Tobias bei sich im Hause hält; vielleicht fällt für uns dann ein Tropfen ab!"" — Die Sache gefiel mir und kaum graute der Herbsttag, so ging ich mit meinem Alten nach dem Hofe des Nachbars hin= über, wir stiegen über die Fenz und standen unter dem Schlaf= zimmer des Junggesellen. — ""Weißt Du, Jonathan, da kommt mir ein großartiger Gedanke,"" flüsterte mir mein Alter zu. ""Sieh einmal nach dem Apfelbaum, der voller Früchte hängt und dessen Zweige bis zu dem Schlafzimmer des alten, lustigen Tobias hinaufreichen. Wie wär's, wenn wir da hinaufkletterten und von da oben aus unsere Gratulationen abstatteten?"" — ""Well, will verdammt sein, Alter, wenn das nicht eine gescheute Idee ist!"" ent= gegnete ich, dann lehnten wir eine Leiter gegen den Stamm, stiegen leise hinauf und ich mit meiner Harmonika schob mich vorsichtig auf einen Ast hinaus und mein Alter, mit der Rede in der Kehle, folgte nach. Ein paar Hofhunde, die uns genau kannten und uns still gewähren ließen, sahen unserm Beginnen schwanzwedelnd zu und umkreisten dann vergnügt den tiefen und schmutzigen Ententeich, der sich zwischen dem Baum und dem Hause dahinzog. — ""Fang' an, Jonathan!"" stüsterte mir mein Alter zu und ich spielte den Yankee-Doodle in einer fast rührenden Weise, aber noch fehlte viel am Ende, da gab's plötzlich einen „Knacks!" der Ast brach und ich mit meiner Harmonika und der Alte mit der noch beisichbehaltenen Rede plumpsten in den schmutzigen Ententeich hinab!"

„Alle Teufel!" rief Astor laut lachend.

„Well, will verdammt sein, wenn das nicht einen heillosen Schreck abgab!" fuhr Jonathan in seiner breiten, behäbigen Weise fort. „Die Hunde erhoben einen Mords= skandal, klemmten die Schwänze zwischen die Beine und flüchteten in die Hütten; Nachbar Tobias erschien mit der Zipfelmütze auf dem Kopfe am Fenster und wetterte und fluchte über seinen zerstörten Apfelbaum; mein Alter, der etwas Wasser geschluckt, gurgelte noch toller, als wenn er sich des Morgens den nach Brandy riechenden Mund aus= spülte, und ich faßte da unten in den trüben Fluten den festen Entschluß, nie mehr den Yankee=Doodle über einem Ententeich zu spielen!"

„Haltet einmal, ich glaube, wir bekommen Besuch!" fiel hier Kolter ein, erhob sich und blickte aufmerksam nach der nahen Prairie hinaus.

Eine Staubwolke wirbelte in weiter Entfernung auf, die sich aber schnell näherte.

Die drei Männer räumten schleunigst den Lagerplatz auf, verbargen die Überbleibsel der Mahlzeit in den großen Satteltaschen und standen nun mit schußbereiter Büchse neben ihren Pferden und erwarteten in Ruhe, was da kommen werde.

Die Staubwolke näherte sich mehr und mehr dem Waldesrande; da fuhr ein scharfer Wind hinein und klärte die Aussicht.

„Ah, es sind nur Mustangs!" rief Astor. „Aber was zum Teufel trägt denn jener Goldfuchs auf seinem Rücken? Bei meiner Seele, es ist ein Mensch! Sieh' doch, John!"

„Wahrhaftig, es ist ein Mensch, ein Indianer!" bestätigte dieser. „Er ist mit Lederriemen an dem Leibe des Tieres befestigt. Möglichenfalls ist die Rothaut bereits tot. — Alle Wetter, die Mustangs schnappen nach dem Leichnam, als wollten sie den Kameraden von der über= flüssigen Bürde befreien. Höre, David, ich will den Goldfuchs zu erhaschen suchen und dann werden wir ja sehen, ob der Indianer noch Leben in sich hat oder nicht!"

„Dann ist's jetzt gerade Zeit, daß Du in den Sattel steigst, John!" versetzte Astor gelassen. „Ich denke, Dein

Pferd wird den Mustang, der sehr müde zu sein scheint, überholen. Um uns sorge Dich nicht; wir folgen Dir nach!"

Kolter ordnete schnell den Lasso, stieg zu Pferde und flog förmlich auf die Prairie hinaus, so gewaltig waren die Sätze seines Rappen.

Die Mustangs bemerkten sofort den Reiter, stutzten einen Moment und fuhren dann entsetzt nach allen Seiten hin auseinander. Wenn aber Kolter gehofft, er werde den Goldfuchs im ersten Schreck überlisten, so irrte er sich: Das Tier reckte stolz den Kopf, stieß ein lautes, herausforderndes Wiehern aus und stürmte in Windeseile über die Ebene.

Kolters starkknochiger Rappe hielt sich meisterhaft. Spielend überholte er einen Mustang nach dem andern und nun jagte er hinter dem Goldfuchs her, der, von seinen Kameraden verlassen, Laute der Angst von sich gab. Das Tier kannte bereits aus eigener Erfahrung die Gefahr, die ihm von den „bösen" Menschen drohte, und die blutrünstige Stelle am Halse, von Padanis Lasso hervorgerufen, schmerzte ihn heute noch. Der Mustang warf von Zeit zu Zeit Blicke des Entsetzens hinter sich und gerade diese heftigen Kopfwendungen waren sein Verderb. Er geriet in ein kleines Hundedorf und sank plötzlich mit den Vorderfüßen in eine der vielen unterirdischen Höhlungen. Zwar gelang es ihm, sich aus der Vertiefung herauszuarbeiten; aber schon saß ihm Kolter's Lasso um den Hals und riß ihn zu Boden.

Noch beschäftigte sich der Waldläufer mit dem am ganzen Leibe zitternden Pferde, da sprengten Astor und Jonathan heran, saßen ab und bemühten sich, den glücklicher Weise unverletzten Indianer aus seiner schrecklichen Lage zu befreien.

„Bei meiner Seele, das ist ja Tatanka, der Sachem der Schwarzfüße!" rief Kolter erstaunt, der erst jetzt so viel Zeit gewann, einen Blick auf den gefesselten Indianer zu werfen. „Ich will nicht hoffen, daß der Blackfeet etwas Böses begangen, was ihm ein solches Ende bereitete. — Ah, er lebt noch, seht, da schlägt er die Augen auf!"

Tatanka blickte wild um sich; er glaubte sich in den Händen der verhaßten Feinde zu sehen. „Eisenauge!" flüsterte er, dann sank sein Haupt matt auf den Rasenteppich zurück. —

Eine Stunde später sehen wir unsere Freunde in einem Dickicht mitten in der Prairie gelagert. Tatanka, zwar immer noch matt aber unverletzt, saß mit dem Rücken an einen Eichenstamm gelehnt und erzählte dem ihm bekannten und befreundeten Kolter in kurzen Worten sein Geschick.

Der Prairiefuchs hatte sich von seinem Schreck erholt; aber sein Stolz war gebrochen. Zwar wich er noch scheu zurück, wenn sich einer der Jäger seinem Standort nahte; aber die frühere Wildheit schien er abgelegt zu haben.

7. Kapitel.

Die Entdeckungen des Dakotahäuptlings.

Noch ruhten die Schatten der Nacht auf der Erde und noch schlummerte die Vogelwelt im Walde und auf der Prairie, nur eine Nachtschwalbe ließ ihre melancholischen Töne erklingen, brach aber plötzlich ab und verbarg sich ängstlich im Gebüsch.

Nicht ohne Grund flüchtete das kleine scheue Tier; denn unter den Baumgiganten hervor nahte ein düsterer Zug und bewegte sich unheimlich geräuschlos der offenen Ebene zu. Es waren fünfzig Dakota unter dem Oberbefehl Hiawathas, und alle waren schwer bewaffnet mit den Kriegsfarben ihres Stammes geschmückt.

Sie befanden sich auf einem Rekognoscierungsritt gegen die gehaßten Schwarzfüße, deren Feindschaft sie mit Recht nach dem jüngsten Vorfalle fürchten mußten; denn erfuhren die Grenznachbarn von dem höchst tragischen Ende ihres Oberhäuptlings, so griffen sie sofort nach Büchse und Tomahawk und überschritten verheerend den Gelbsteinfluß. Daher war es notwendig, die Pläne der Feinde noch vor ihrer Ausführung kennen zu lernen, und danach die Verteidigungsmaßregeln zu treffen. —

Auf Befehl des Häuptlings lagerte sich die Schar am Rande des Waldes, einmal um die müden Pferde zu schonen und die hungrigen Krieger zu erquicken, dann aber auch, um das Tageslicht zu erwarten; denn möglichenfalls liefen bereits feindliche Spuren über die Prairie den heimischen Dörfern zu.

Bald flammten an versteckten Orten Feuer auf, und gewaltige Stücke Büffelfleisch brieten über den Flammen, vollkommen ausreichend, um einer ganzen Kompagnie deutscher Soldaten zur Mahlzeit zu dienen. Und derweil die Krieger schweigend um die Feuer hockten, weideten die an den Vorderfüßen gefesselten Pferde unter Aufsicht einiger jüngerer Dakota auf einer frischen, grasreichen Lichtung des Waldes.

Erst bei vollständiger Tageshelle setzte sich der Zug wieder in Bewegung und bald war die weite, unermeßliche Ebene westlich des Gelbsteinflusses erreicht.

Der Vormittag verfloß ohne jedes bemerkenswerte Ereignis. Da — man ritt soeben am Rande eines starken Gehölzes dahin — hielt Hiawatha plötzlich sein Pferd an, beugte sich tief über den Hals desselben und blickte mit sichtlichem Erstaunen auf mehrere Fußspuren, die sich hier klar und deutlich in dem weichen Boden ausprägten. Er war zufällig auf eine Lagerstätte Kolters und seiner Freunde gestoßen.

„Was sieht der Sachem?" forschte einer der älteren Krieger.

„Hiawatha sieht die Spuren dreier Bleichgesichter!" entgegnete der Häuptling und sprang aus dem Sattel, um sich die Fußabdrücke genauer anzuschauen. Kaum hatte er aber die Fährten betrachtet, so fuhr er bestürzt zurück und stieß den Namen „Eisenauge!" hervor. Das Wort genügte, um die heranreitenden Dakota aus ihrer sorglosen Ruhe aufzuschrecken und ihre Herzen rascher schlagen zu machen. Ihr Erstaunen wuchs noch, als Hiawatha in den beiden andern Spuren die des Trappers und die des großen, weißen Zauberers erkannte.

Was hatte das zu bedeuten? Was wollte der berühmte Medizinmann der Bleichgesichter bei Eisenauge? Und warum wandten sich die Fährten der drei Männer nicht nach Osten, sondern nach Westen? Suchten sie Hilfe bei den Blackfeets, um das Weib des Trappers, das sich noch bei den Dakota befand, mit Gewalt zu befreien? Hatten sie bereits Kenntnis von dem tragischen Ende Tatankas und befanden sie sich auf dem Wege, um den Schwarzfüßen die Trauernachricht von dem Tode des Häuptlings zu überbringen? Alles das waren Fragen, deren Lösungen nur durch eine eingehende Beratung zu erreichen möglich waren.

Lange verweilte Hiawatha auf dem Platze, dann bestieg er sein Pferd und folgte den Fuß- und Pferdespuren der Männer, weiter und immer weiter; bis endlich der Reitertrupp an die Stelle gelangte, von der aus Kolter die Hetzjagd auf den Prairiefuchs begonnen. Diese neuen Rätsel fanden schließlich ihre Lösung bei dem kleinen Hundedorfe, und zwar auf dem Platze, auf welchem der Waldläufer den edlen Mustang eingefangen hatte.

Der fieberhaft erregte Hiawatha untersuchte auch diese Stelle genau, und plötzlich stieß er einen Schrei der Wut aus; denn er hatte ein Stück der Lederstickerei entdeckt, die der verhaßte Tatanka an seiner Tunika getragen. Der Prairiefuchs war also den drei weißen Jägern in die Hände geraten und mit ihm der Schwarzfußhäuptling. Ob der Sachem lebte, das wußte man vorläufig noch nicht; aber auch hierüber erhielt der begierig nachforschende Hiawatha nur zu bald Aufklärung.

Die Kunde aller dieser wichtigen und schwerwiegenden Thatsachen ging wie ein Lauffeuer durch die Reihen der Dakota, und überall vernahm man Laute der Bestürzung und des Schreckens.

Hiawatha behielt trotz der inneren Aufregung die äußere Ruhe bei. Er versammelte sofort die Unterhäuptlinge und die vornehmsten Krieger zu einer Beratung, enthüllte alle seine Gedanken, wies schlagend nach, daß jene drei Männer Verbündete Tatankas und Feinde der Dakota seien und daß man sie verfolgen und töten müsse, um schwere Gefahren von dem eigenen Volke abzuwenden.

Nach kurzer Beratung entschied man sich für den Plan

des Oberhäuptlings, der darauf hinauslief, zehn Mann zu=
rückzusenden, um das Dorf zu alarmieren und zu be=
festigen, mit den übrigen vierzig Kriegern aber eine ener=
gische Verfolgung der Bleichgesichter zu unternehmen.

Schon wenige Minuten später saßen alle zu Pferde,
und während die jüngeren Dakota ihre Rosse heimwärts
lenkten, nahm Hiawatha mit seinen Leuten die Verfolgung
der drei Prairiemänner auf und bald verschwanden die
Rothäute hinter den welligen Bodenerhebungen der Land=
schaft.

8. Kapitel.

Die Verfolgung.

An einem Flüßchen neben einem Gehölze lagerten Kolter, Astor, Jonathan und der Schwarzfußhäuptling. Tatanka hatte sich vollständig erholt und war gesund und lebensfrisch wie vor dem wilden Mazepparitt. Es gefiel ihm bei den drei Bleichgesichtern und auch diese mochten den bescheidenen aber kühnen und gewandten Blackfeet sehr wohl leiden.

Unweit des Lagerplatzes weideten vier Pferde, darunter auch der Prairiefuchs, den man jedoch ganz besonders sorgfältig an den Beinen gefesselt hatte, um jede Flucht des immer noch etwas scheuen Tieres unmöglich zu machen. Übrigens war der Fuchs ein prächtiges Roß von großer Ausdauer und ungemeiner Schnelligkeit und wegen dieser Tugend von den vier Prairiemännern sehr geschätzt.

Tatanka hatte aus mehreren Häuten mit nicht zu verkennendem Geschick Sattel- und Zaumzeug hergestellt und der Goldfuchs trug diese für ihn ungewohnte Bürde mit erzwungener Geduld. Er mußte sich dem Willen seines roten Herrn fügen und that es schließlich, wenn auch erst nach unzähligen Fußtritten und Peitschenhieben. —

Das Frühmahl, bestehend, wie gewöhnlich, aus Wildfleisch, war beendet. Kolter griff nach seiner Pfeife und auch Astor machte Anstalt, dem Kalumet zu huldigen; Jonathan lag lässig hingestreckt und sah Tatanka zu, der aus hartem Holze einen Bogen herzustellen beabsichtigte.

„Ich denke, wir raſten noch eine Weile an dieſem kühlen Plätzchen und ziehen erſt ſpäter flußaufwärts," meinte der Waldläufer gut gelaunt. „Es preſſiert heute nicht! Wir beſitzen reichlich Proviant und können uns einmal ausruhen von unſern Strapazen. — Merkwürdig!" fügte er hinzu, „auf der Prairie herrſcht tote Stille. Weder Tier noch Menſch zeigt ſich und doch befinden wir uns längſt auf der Jagdſtraße der nördlich wohnenden Indianer. Man ſieht und hört nichts von den Rothäuten!"

Tatanka ließ ſeine Augen nach allen Seiten ſchweifen, plötzlich blieben ſie auf einer Bergeshöhe haften, die ſich im Oſten erhob und auf deren Rücken ein Rudel flüchtiger Antilopen erſchien.

„Mein weißer Bruder fordere nicht die roten Männer heraus; da ſind ſie!" rief er und zeigte mit der Hand nach der buſchigen Höhe. „Eiſenauge ſehe dorthin. Die Antilopen fliehen, weil ſie gejagt werden. Der Häuptling wird hinüberreiten und nachforſchen, was jenſeits der Berge vorgeht!"

Er erhob ſich, beſtieg Jonathans Rappen und jagte den Bergen zu. Vor einem ſteil abfallenden Hügel hielt er an, ſaß ab und kroch auf Händen und Füßen die mit Gebüſch und Cakteen beſtandene Bodenerhebung empor. Nur einen Augenblick lugte er durch das Gebüſch, dann kehrte er eilenden Laufes um und warf ſich auf das Pferd.

„Alle Wetter, das iſt ein ſehr böſes Zeichen!" rief Kolter, raffte ſeine Büchſe auf, ergriff die weiche Hirſchhaut, auf der er gegeſſen und eilte zu ſeinem Roſſe, dem er ſchnell das Zaumzeug überwarf. Seinem Beiſpiel folgten Aſtor und Jonathan.

Im vollen Karrier kam Tatanka herangeſprengt. „Fort, fort!" rief er ſchon aus der Entfernung. „Die Dakota kommen und mit ihnen Hiawatha!"

„Ach, verdammt, dann wirds ernſt!" verſetzte Kolter und ſprang in den Sattel. „Wo der iſt, da giebts pfeifende Büchsenkugeln und blutige Schädel. Er und ich sind keine Freunde, und übrigens habe ich noch mit ihm eine alte Angelegenheit zu ordnen, zu der sich hoffentlich dies mal die nötige Zeit finden wird; zunächst wollen wir uns aber in Sicherheit bringen."

Der Häuptling kam heran, tauschte mit Jonathan die Pferde und flog dann auf seinem Goldfuchs in die Prairie hinaus.

„Nun, nun, Schwarzfuß, nicht zu haftig!" lachte der Alte hinter ihm her. „Ich denke, wir schonen unsere Tiere; sie halten's schon mit den besten Rennern der Dakota aus!"

Jetzt erschienen auf dem Hügelrücken im Osten mehrere Reiter. Sie zügelten ihre Pferde, legten schützend die Hände über die Augen und stießen nun, die Flüchtlinge erkennend, ein Triumphgeheul aus.

„Schreit nur, ihr Halunken!" lachte der Alte ingrimmig auf und blickte ab und zu hinter sich. „Vierzig rothäutige Teufel! — Pardon, Sachem, wenn ich etwas anzüglich werde — aber wenn ich die Dakota zu Gesicht bekomme, dann läuft mir immer die Galle über! — Seht, da ist wirklich Hiawatha: ich erkenne den Kerl an seinem merkwürdigen Kopfputz mit den roten und weißen Schwungfedern. — Ruhig, Mann aus Connecticut, nicht so ungestüm mit Eurem Pferde. Wir müssen unsere Tiere schonen; denn aller Voraussetzung nach haben wir einen anstrengenden Ritt vor uns. Ein wahres Glück, daß die Rosse gesättigt sind!"

Der alte zügelte sein Roß und zwang dadurch seine Begleiter, die gleiche Gangart einzuschlagen.

Die Gegend bildete eine unabsehbare, meilenlange Ebene, auf der sich nur vereinzelt ein paar spärlich belaubte Bäume erhoben, sonst war der von Hundedörfern freie Boden mit kurzem aber üppigem Grase bedeckt, an dem noch der Tau der Nacht hing.

Die Dakota näherten sich; denn sie trieben ihre Pferde zu eiligem Laufen an. Man unterschied bereits deutlich die grell leuchtenden Decken der Reiter und das helle Zaumzeug der schaumbedeckten Mustangs. Allen voraus jagte ein junger Krieger, der vorzüglich im Sattel saß und in seinem Stolz vermeinte, er könne die Jäger der Prairie allein aufhalten.

„Ich denke, Kolter, Du sendest dem Bürschchen eine Kugel zu!" sagte Astor. „Deine Büchse trägt weiter als die meinige. Es ist zwar schade um den hübschen Reiter; aber warum rennt er so leichtsinnig in sein Verderben!"

„Dies Kind wird einmal seine Büchse probieren!" fiel Jonathan ein, sah noch einmal nach Korn und Visier, spannte den Hahn seines Gewehrs, warf plötzlich sein Pferd herum und schoß fast in demselben Augenblick.

Die Wirkung war eine geradezu überraschende: Der Dakota fiel aus dem Sattel wie ein Mehlsack vom Rücken des Mülleresels und blieb, ohne noch ein Glied zu rühren, tot auf der Erde liegen. Sein Pferd, ein prächtiger Renner, wandte sofort um, wurde aber von einem der nachfolgenden Krieger eingefangen.

Die Feinde stießen ein Wutgebrüll aus und hielten an; die Lektion, die sie soeben empfangen, wirkte, wenn auch nicht nachhaltig. Man befestigte den Toten auf dem Rücken des verwaisten Rosses, dessen Zügel ein älterer Dakota an sich nahm, und dann setzte sich die Rotte wieder in Bewegung.

„Hm, der Mann aus Connecticut besitzt ein sicheres Auge und eine ruhige Hand!" meinte Kolter befriedigt und warf dem Yankee einen freundlichen Blick zu.

„Well, will verdammt sein, wenn ich das nicht daheim von meinem Alten gelernt habe!" versetzte Jonathan und lud im vollen Jagen seine Büchse. „Mein Alter schoß das As aus der Karte, d. h. wenn er nicht Whiskey getrunken hatte, was leider in letzter Zeit mit dem Augenaufschlag am Morgen zu geschehen pflegte!"

Stunde um Stunde verrann. Kolter blickte häufig nach Süden hinüber, als suche er eine schützende Stelle zu erspähen. Ja, als der Mittag kam und der Nachmittag hereinbrach und sich die Entfernung zwischen ihm und den Verfolgern um nichts vergrößern wollte, wurde er unruhig. Selbst die kräftigsten und ausdauerndsten Pferde mußten schließlich bei einem solchen Gewalt-Dauerlauf erliegen.

„Sachem," wandte er sich an den Schwarzfußhäuptling, „ich meine, wir hätten uns mehr nach Westen wenden sollen, um Unterstützung von Deinen Landsleuten zu erlangen. Jetzt jagen wir ohne Zweck und Ziel in die Welt hinein, ohne an das Ende zu denken. Wie ist Deine Ansicht über die Sache?"

Der Indianer hob die Hand und zeigte nach dem Gebirge hinüber, welches weiter im Süden aufstieg und blaugrau herüber schimmerte.

„Dort finden wir Rettung!" sagte er kurz.

„Auch dort werden wir nicht sicher sein vor den teuflischen Dakota!" brummte der Alte. „Es sei denn, daß wir eine Stelle im Gebirge finden, auf der wir uns verschanzen und Feind nach Feind hinwegschießen können. Doch was ist das?"

Sein Pferd hatte in der etwas feuchten Niederung auf eine Giftotter getreten und war von dem Reptil in den rechten Hinterfuß gebissen worden. Das arme Roß wieherte kläglich, zuckte schmerzlich zusammen und hemmte dann seinen Lauf.

Ein Grausen erfaßte den sonst so starken Mann. „Ich bin verloren!" rang es sich von seinen Lippen.

„Nicht doch, Freund!" rief Astor und trieb sein Pferd an die rechte Seite des Kameraden. „Schnell zu mir herüber und dann vorwärts!"

Kolter riß die große Ledertasche von dem Rücken seines Rosses und schwang sich dann hinter seinen Gefährten in den Sattel. Fast in demselben Augenblick stürzte sein edles Tier zu Boden, schlug mehrere Male um sich und streckte dann verendend alle Viere von sich. Der Alte wischte sich ein paar Thränen aus den Augen; das bejammernswerte Ende seines braven Rosses, das ihn so viele Jahre getragen, ging ihm tief zu Herzen.

Bei den Dakota war der Vorgang nicht unbemerkt geblieben; ein Jubelgeschrei erscholl, das deutlich vernehmbar über die Ebene herübertönte und Kolter mit unsagbarer Wut erfüllte.

Astors Rappe wieherte unmutig. Die doppelte Last auf seinem Rücken gefiel ihm nicht; aber doch verminderte sich seine Schnelligkeit keineswegs, obgleich er links und rechts große Schaumflocken von sich warf und die Nüstern unnatürlich weit öffnete. —

Mehr und mehr näherten sich die Flüchtlinge dem Gebirge. Tatanka drängte nach rechts hinüber der Schlucht zu, die sich weit in die Felsen hineinzog und durch ihr prächtiges Baumgrün auffiel.

Die Dakota schlugen auf ihre Pferde ein, um mit den Jägern zugleich das Gebirge zu erreichen; aber es gelang ihnen nicht. Noch waren sie weit auf der Prairie, als die Flüchtlinge in die Schlucht hineinsprengten und unter den Baumgruppen verschwanden.

9. Kapitel.

Die Belagerung.

„Well, will verdammt sein, wenn dies Ding einen Ausgang hat!" meinte Jonathan, als die Flüchtlinge das Ende der Schlucht erreichten und sich nun auf allen Seiten steile, scheinbar unersteigliche Felsen auftürmten.

„Bin selbst neugierig, wohin uns der Sachem geführt hat!" pflichtete Kolter bei, dem diese Gegend vollständig fremd war.

„Wir steigen da hinauf!" entgegnete der Häuptling kurz und bezeichnete mit der Hand eine zerklüftete Partie des Gebirges. Nach diesen Worten sprang er aus dem Sattel, versetzte dem Goldfuchs einen wuchtigen Hieb über den Rücken und jagte das erschreckte Tier dem Ausgange der Schlucht zu.

Die Kameraden folgten dem Beispiele des Indianers; aber allen gingen die Augen über, als sie sich von ihren Pferden trennen mußten. Jonathan streichelte noch einmal liebkosend über den Hals seines treuen Rappen, dann scheuchte er das laut aufwiehernde Roß von sich.

In rasender Eile stürzten die drei Pferde geführt von dem Fuchs der offenen Prairie zu; aber hier wurden sie von den inzwischen eingetroffenen Dakota jubelnd begrüßt und eingefangen. --

Tatanka führte die Freunde auf gefahrvollen Pfaden tief in das Gebirge hinein. An schwindelnden Abgründen vorüber und über hohes, scharfes Felsgeröll hinweg führte

der Pfad und endete schließlich hoch oben auf einem mit
Zwergkiefern bestandenen Plateau. — „Hier!" sagte der
Schwarzfuß kurz und setzte sich auf einen der zerstreut
umherliegenden Steinblöcke.

Kolter ließ seine wasserblauen Augen prüfend über
das Stückchen Erde schweifen, das ihm und seinen Kameraden Obdach und Schutz gegen die unerbittlichen Feinde
gewähren sollte. Er blickte in den Abgrund, der sich im
Norden und Osten aufthat, untersuchte die Steinbarriere,
die sich fußhoch und darüber rings um das Plateau herzog
und schüttelte endlich das graue Haupt.

„Der Platz mag für einige Tage ausreichend sein,
aber ihm fehlt Wasser," sagte er, „und ohne Wasser muß
selbst der stärkste und kühnste Prairiemann erliegen!"

„Wasser befindet sich drinnen in der Höhle!" versetzte
Tatanka ruhig.

Der Alte fuhr erstaunt herum: „In der Höhle?
Sachem, ich will nicht hoffen, daß Du einen auf der
Prairie ergrauten Pfadfinder zum besten haben willst. Ich
sehe keine Öffnung im Felsen, — oder sollte in der südlich
aufsteigenden Wand —"

Er vollendete den Satz nicht, sondern trat in ein
dichtes Buschwerk, welches sich an das schroff aufsteigende
Gestein schmiegte und schob die Zweige zur Seite. Eine
finstere Höhlung starrte ihm entgegen; der Eingang zu derselben war nur klein, aber immerhin groß genug, um einen
Menschen hindurchzulassen.

Kolter blickte lange auf den Schlupfwinkel; dann ließ
er die Zweige wieder zurückschnellen, trat zurück, setzte sich
dem Schwarzfußhäuptling gegenüber und zog seine Pfeife
aus dem Gürtel.

Astor ließ sich ebenfalls nieder und auch Jonathan,
der merkwürdiger Weise diesmal keine Worte fand, folgte
dem Beispiel der Kameraden nnd nahm auf einem Fels-
stück Platz.

Kolter setzte das Kalumet in Brand, that ein paar

Züge und gab die Pfeife an Tatanka. Nachdem alle Vier die bei Rothäuten gebräuchlichen Formalitäten einer Rats= versammlung erfüllt hatten, öffnete der Pfadfinder den Mund zur Frage:

„Also mein roter Freund sagt, da drinnen sei Wasser?"

„Viel Wasser drinnen!" versetzte der Schwarzfuß. Die Worte kamen langsam und zögernd über die Lippen und es schien, als verberge er irgend etwas Unangenehmes, Gefahrdrohendes.

„Hat die Höhle einen zweiten Ausgang, Sachem?"

„Nein!" kam es kurz aus dem Munde des Häuptlings.

„Alle Teufel!" rief Astor.

„Well, will verdammt sein, wenn ich das nicht vorher wußte!" meinte Jonathan gelassen.

„Wie hast Du diesen Platz entdeckt, Sachem?" fragte Kolter. Er hatte den Kopf gesenkt, um die Trauer seines Antlitzes zu verbergen.

„Tatanka jagte mit vier Stammesgenossen unten in der Prairie. Wir wurden von Pawnees verfolgt und hier in die Berge getrieben. Tatanka fand den Platz!"

„Sehr einfach, Sachem; aber wie kam't Ihr wieder hinunter?"

„Ein zweiter Weg führt im Osten die Bergwand hinunter; aber er ist sehr gefährlich und ohne Lasso nicht zu passieren!"

„Alle Wetter, Sachem, dann sind wir verloren!" rief Kolter erregt. „Die Dakota werden den zweiten Pfad finden und uns von Osten und Westen angreifen."

„Die Dakota sind blinde Hunde!" meinte Tatanka ruhig.

„Sage das nicht, Sachem!" versetzte Kolter unruhig. „Hiawatha wird sofort die ganze Gegend abspüren und uns jeden Rettungsweg abschneiden. — O, warum mußte ich mein Pferd verlieren!" klagte der Alte. „Nun, wie Gott will! Hat er es bestimmt, daß wir sterben sollen, so müssen wir uns beugen vor seinem unerforschlichen Ratschluß!"

Er hatte kaum den Satz beendet, da fielen im Osten und Westen zwei Schüsse und eine der Kugeln fiel klatschend gegen das Gestein, auf welchem Kolter saß. Fast in demselben Augenblick erhob sich seitwärts zwischen den Felsen eine dunkle Gestalt und suchte einen dem Plateau näherliegenden Felsblock zu erreichen; aber Jonathans Büchse krachte und mit dem Knall rollte der tötlich getroffene Dakota den steilen Abhang hinab und rollte in die haushohe Tiefe.

Ein markerschütternder Schrei scholl aus dem Abgrund herauf, dann trat eine lautlose Stille ein.

Die vier Männer schlüpften hinter die von der Natur geschaffene Barriere, schoben die Büchsen zwischen das Gestein hindurch und erwarteten den Angriff der Feinde.

Wohl zehn Minuten verflossen, dann erhob sich im Westen, Norden und Osten ein sekundenandauerndes Kriegsgeschrei. Flintenschüsse ertönten und ein Hagel von Pfeilen schlug von allen Seiten gegen das Gestein, ohne aber den versteckt liegenden Freunden Schaden zuzufügen.

„Well, will verdammt sein, wenn die Rothäute nicht toller schreien, als die Temperanzweiber von Connecticut!" sagte Jonathan gelassen, hob seine Büchse und feuerte.

Wieder riß seine Kugel einen unvorsichtigen Dakota zu Boden; aber nun ertönte plötzlich im Süden, auf der starr aufsteigenden Felswand und hoch über den Köpfen der Flüchtlinge ein Schuß und einige Sekunden später ein zweiter. Beide Kugeln schlugen dicht neben Astor ein.

„Herr des Himmel, jetzt sind wir auf allen Seiten umgeben!" rief Kolter. „Fort in die Höhle oder der Schütze da oben auf dem Felsen zerschmettert uns die Knochen im Leibe!"

Die vier Männer flüchteten in das Versteck; dann schoben sie große Felsstücke vor den Eingang und bildeten

o eine Bruftwehr, die uneinnehmbar war und die Mündung
der Höhle vollständig verschloß. Nur eine schmale Schießscharte gestattete den Blick in's Freie und ermöglichte es
zu gleicher Zeit, einen großen Teil des Plateaus mit den
Feuerwaffen zu bestreichen, falls das Buschwerk außerhalb
entfernt werden sollte. —

Die Höhle dehnte sich unmittelbar hinter dem Eingang
zu einer geräumigen Halle aus, der es auch nicht an Licht
fehlte, so daß man die glitzernde Wandung der Grotte und
selbst die aus dem Gestein hervorspringende Quelle im
Hintergrunde wahrzunehmen vermochte.

Jonathan hatte sich neugierig das schützende Heim
angesehen. Er beguckte die Tropfsteingebilde, die oft wunder-
liche Formationen annahmen und im Reflex erstrahlten, als
seien es die kostbarsten Edelsteine; er kostete auch das
krystallhelle, eiskalte Naß der Quelle und schien durchaus
befriedigt zu sein mit der neuen Wohnung tief im Bauche
der Felsen.

„Well, meine Herren, will verdammt sein, wenn
dieser Schlupfwinkel nicht ganz nett ist!" sagte er und ließ
sich auf einem der umherliegenden Felsstücke nieder, die
von Menschenhänden hierher geschleppt zu sein schienen.

„Freilich Licht, Luft und Wasser besitzen wir vollauf!"
brummte Kolter ärgerlich.

„Well, Sir, daheim in Connecticut befand ich mich
mit meinem Alten einmal in ähnlicher Lage!" versetzte Jonathan. „Zwar gab's da keine Dakotas, aber hitzige
Temperanzweiber, und zwar ein ganzes Dutzend!"

„Wie war das?" fragte Astor, der soeben seine Pfeife
in Brand setzte und Wolken von Tabaksrauch vor sich
hin blies.

Jonathan schwieg erst eine Weile, dann begann er
seine Geschichte in dem von ihm beliebten Yankeestil:

„Well, meine Herren, die Temperanzgeschichte war

damals in meiner Heimat gerade aufgekommen; aber die Weiber bemächtigten sich der Sache mit einem Feuer, daß uns Männern ganz unheimlich dabei zu Mute wurde. Meine seelige Mutter schloß sich selbstverständlich der allgemeinen Bewegung an und zwang auch meinen Alten, den Whiskey abzuschwören, was mich ganz außerordentlich Wunder nahm; denn ich wußte, daß mein Alter ohne Brandy nicht zu leben vermochte. Und was mich noch mehr wunderte, er besuchte die Temperanzversammlungen, schrieb die Protokolle und versicherte öffentlich, er bringe keinen Tropfen Whiskey mehr über seine Lippen und wolle verdammt sein, wenn er jemals wieder mit seinen Händen einen Korken aus der Flasche ziehe. — Well, meine Herren, die Sache ging einige Wochen hindurch ganz glatt; da nahm mich eines Tages mein Alter beiseite und sagte!

„Hör' mal, Jonathan, unser Nachbar Zacharias von jenseits des Flusses hat mich zu heute Nachmittag zu einem guten Schluck Whiskey eingeladen, und da die Sitzung etwas lange dauern wird, so kannst Du mich begleiten und mich nach Hause führen, falls mir unterwegs etwas Menschliches passieren sollte; denn Du weißt ja, daß ich oftmals an Schwindel leide und dann nicht vorwärts noch rückwärts kann!"

„Well, meine Herren, auf eine derartige Einladung war ich wenig vorbereitet. Ich machte zunächst ein schrecklich erstauntes Gesicht, dann entgegnete ich: „Du wolltest ja aber keinen Tropfen Whiskey mehr über Deine Lippen bringen, Alter?" Darauf lachte er laut und meinte mit der Zunge schmalzend: „Du weißt ja, alter Junge, daß ich den Whiskey nicht tropfenweise, sondern in großen Gaben zu mir nehme!" — „Und wolltest Du nicht verdammt sein, wenn Du jemals wieder einen Korken mit den Händen aus der Flasche zögest?" — fragte ich weiter. — „Dummer Jonathan, wozu sind denn die Zähne da?" entgegnete mein Alter und lachte herzlich über seine Spitzfindigkeiten."

6*

„Well, meine Herren, ich blickte etwas verdutzt auf
den Alten. An ein solches Doppelspiel hatte ich nimmer
gedacht; aber ahnen hätte ich's eigentlich können. Endlich
sagte ich: „Höre Alter, es kann ja möglich sein, daß Du
aus all' den Hinterthüren entwischt, wenn es einmal zum
Klappen kommt; aber ich mache Dich darauf aufmerksam,
daß heute große Temperanzversammlung bei Wilsons ist,
und daß Du gewiß wieder das Protokoll schreiben mußt!"
— „Fehlgeschossen, Jonathan," entgegnete mein Alter.
„Ich habe bereits meiner Frau gesagt, daß ich einen schrecklichen Katarrh im Halse habe, und daß ich infolge dessen
heute bei der Temperanzsitzung fehlen werde!"

„Well, meine Herren, die Sache ging ihren Gang.
Die Mutter zog sich gleich nach dem Mittagessen das neue
Kleid, das barège, an, das dem Alten immer so gut ge-
fiel, spannte den Parapluie auf und ging von dannen. Wir
warteten noch eine Weile, dann trollten auch wir, mein
Alter und ich, von hinnen." —

„Der alte Zacharias empfing uns in rosigster Stimmung. Wir zündeten uns unsere Pfeifen an, setzten uns
um den großen Eichentisch und ließen den schweren Whiskeykrug von Hand zu Hand gehen. Da plötzlich sprang
Zacharias empor und starrte durch das Fenster ganz entsetzt auf einen Trupp Menschen, der sich langsam unserm
Blockhause näherte. — „Bei allen Heiligen des Himmels
und der Erde, das sind die Temperanzweiber!" rief er
kreidebleich. „Meine Alte und Deine Alte, die Strengsten
der Sekte, und der hungrige Wilson und der dicke Wastel,
beides schrecklich ironische Menschen und schneidige Temperanzler. Um Jesu Willen, wo bleibt Ihr beide und wo
bleibt der Whiskeykrug?" So klagte der arme Hauswirt
und dann fiel sein Blick erlösend auf das großmächtige
Kleiderspind. „Da hinein!" rief er. „Meine Alte hat
ihren Sonntagsstaat drin und Wäsche; aber Ihr werdet
schon noch ein Unterkommen zwischen den Hemden finden!"

„Ich war wirklich ganz verwirrt und atmete erst er=
leichtert auf, als mein Alter, ich und die Whiskeyflasche
in dem Schrank saßen und sich die Doppeltür hinter uns
schloß!" —

„Alle Wetter, die Geschichte wird interessant!" fiel
hier Astor ein.

„Well, will verdammt sein, wenn ich damals nicht eine
heillose Angst verspürte!" fuhr Jonathan fort, nachdem er
einen tüchtigen Schluck von dem eiskalten Wasser der
Quelle zu sich genommen und nun wieder auf seinem Stein=
block saß. „Der Platz drinnen in dem Wandschrank auf
dem Hemdenpack der Frau Zacharias war ja ganz nett;
aber der Spektakel der Weiber im Zimmer behagte mir
nicht. Zwölf Weiberzungen vermögen schon etwas zu
leisten, besonders wenn es gilt, über die Männer herzu=
ziehen und ihr Thun und Lassen zu regulieren und zu
kontrollieren. Sie waren eben dabei, eine neue Bill (Ge=
setz=Entwurf) zu formulieren, da ging's vor mir „Gluck!"
Gluck!" Mein Alter hatte Durst und nahm ein paar
gewaltige Schluck aus der Whiskeyflasche, die zwischen uns
stand.' —

„Wissen Sie, Frau Zacharias, in Ihrem Kleider=
schrank scheint der Holzwurm zu sein!" hörte ich Wastel
sagen, „oder ist's sogar der Totenwurm, der Unheil ver=
kündet? Da drüben bei Freeds meldete sich auch vor
mehreren Wochen das Unglückstier und nun liegt eine
Leiche im Hause. Das Unglück schreitet schnell und läßt
sich nimmer verjagen!"

„Man stritt lange über die prophetische Anlage des
Holzwurmes und inzwischen nahm mein Alter Schluck nach
Schluck und auch ich kostete wiederholt von dem edlen
Naß, um die tödliche Langeweile im stockfinstern Kerker zu
überwinden. — Mein Alter schlief bereits und auch ich
nickte hin und wieder, bis ich plötzlich eine Nässe an meinen
Beinen verspürte. Die Flasche war umgefallen und der

Whisky tränkte meine Schuhe und die Wäschestücke der Frau Zacharias. — In demselben Augenblick näherten sich Mannstritte unserm Versteck und lautes Lachen ertönte.

„Wissen Sie, Frau Zacharias, Ihr Kleiderschrank schwitzt!" rief Wilson laut. — „Well, will verdammt sein, wenn das nicht reiner Whiskey ist, den das alte Holzgestell von sich giebt!" fiel der dicke Wastel ein und klopfte leise gegen die Thür.

Von allen Seiten kamen die Temperanzweiber herbei, um das Wunder mit anzusehen und den durch das wurmstichige Holzwerk nach außen abfließenden Brandy zu bewundern. — „Bei Gott, es ist wirklich der echte, wohlschmeckende Whiskey!" erklärte nun auch Wilson, der die Flüssigkeit untersucht haben mochte. „Hier ist eine Whiskeyquelle, Frau Zacharias, sage ich Ihnen und zwar eine sehr starke. Wollen doch einmal sehen, ob wir nicht die Ader zu unterbinden —"

Das „Vermögen" ließ er unausgesprochen; denn aus dem Halse meines Alten quollen seltsame Töne, halb Zischen, halb Pfeifen, die Vorboten eines regelrechten Schnarchens, wie es mein Alter allnächtlich im höchsten Dekrescendo zu thun pflegte, und rings um uns her trat eine Totenstille ein. Alle lauschten und mir kam's vor, als sehe ich meine Mutter im Barège-Kleid mit vorgestrecktem Halse ahnungsvoll auf die Thür unseres Gefängnisses starren. Endlich brach der allezeit gesprächige Wilson das Schweigen.

„Well, Frau Zacharias, will verdammt sein, wenn das alte Holzgestell nicht ein ganz außerordentliches Dings ist: Erst pickt darin der Totenwurm, dann giebt es echten Whiskey von sich und nun schnarcht es gar wie ein Mensch um Mitternacht!" Er klopfte mit beiden Fäusten gegen die Thür; aber das war meinem etwas schwerhörigen Alten doch zu viel. „Ich will verdammt sein, wenn das nicht wieder meine Ehehälfte ist, die mir die Nachtruhe hört!" rief er zu meinem Entsetzen. Der arme Mann glaubte sich daheim in seinem Bette und vergaß ganz, wo er sich eigentlich befand."

Astor und Kolter lachten recht herzlich vor sich hin. „Und wie war das Ende, Jonathan?" forschte ersterer.

„Nun," meinte der Yankee in vollständiger Seelen=ruhe, „die Mutter fiel, trotz ihrer sonstigen Stärke, in Ohnmacht." Ihre letzten Worte waren: „Well, will ver=dammt sein, das ist mein Mann mit dem Katarrh!" Frau Zacharias wurde krank, verschluckte drei Schachteln Pillen und schied dann, zur stillen Freude ihres Gatten, aus dem Temperanzverein. Ich aber wanderte zu meinem Onkel jenseits des Flusses und wartete, bis über die Geschichte Gras gewachsen war." — — — —

Der Nachmittag verfloß und der Abend brach herein, da ertönten draußen vor dem Eingange der Höhle Toma=hawkschläge. Kolter blickte durch die Schießscharte und wurde gewahr, wie Zweig nach Zweig von dem Gebüsche hinweggehauen wurde, ohne daß eine Hand zum Vorschein kam. Schließlich war der Eingang frei, aber das Wut=geschrei der Dakota bewies, daß sie mit dem Resultat ihrer Bemühung nicht zufrieden waren; der verbarrikadierte Höllenschlund gefiel ihnen nicht.

„Die Halunken!" rief Kolter ärgerlich: „Sie gehen so vorsichtig zu Werke, daß man ihnen nichts anzuhaben vermag. Zeigte nur einer von den roten Teufeln ein paar Linien Fleisch, ich wollte ihm einen Denkzettel geben, daß er daran zu Grunde gehen sollte!"

Er brach mit einem Fluche ab, denn plötzlich schob sich ein Steinblock vor die Schießscharte und versperrte ihm die Aussicht nach dem Plateau. Zugleich erscholl ein Hohn=gelächter der Feinde, die nun unbelästigt dicht vor den Höhleneingang gelangen konnten.

Die Nacht brach herein. Draußen regte und rührte sich nichts; nur ein feiner Bratengeruch drang durch die

Ritzen des Gesteins und kündete den Höhlenbewohnern an, daß sich die Dakota am Büffelfleisch gütlich thaten.

Astor wetterte und tobte auf die teuflichen Rothäute und forderte die Kameraden zu einem Ausfall auf; aber Kolter und auch Tatanka wollten nichts davon wissen.

10. Kapitel.

In höchster Not.

Die Nacht verlief ungestört und der neue Morgen brach so hell und freundlich herein, daß Kolter, als er durch die Spalte oben in der Halle ein Stück des blauen Himmels sah, recht wehmütig gestimmt wurde. War's bestimmt von Gott, daß er die schöne, herrliche Natur da draußen nicht mehr sehen durfte und daß er hier drinnen im Schoße der Berge dem Hunger und dem Elend erliegen mußte? — Ein Strahl Sonnengold brach sich Bahn durch die Oeffnung und spiegelte sich wieder in dem Kristall der Höhlenwandung, funkelnd und blitzend, als sei der ganze innere Raum mit unermeßlich wertvollen Edelsteinen dekoriert.

Schweigend nahmen die vier Männer das Frühstück ein, bestehend aus einer kleinen Portion Büffelfleisch und viel Wasser.

„Ein tüchtiger Schluck Whiskey aus Zacharias' Brandyflasche schmeckte freilich besser, als dieser Trunk, der Kehle und Magen erkältet," meinte Jonathan nach dem Essen, und doch ging er im Laufe des Tages oft an die Quelle und trank von dem hervorsprudelnden Naß.

Kolter und Tatanka machten sich daran, die Höhle noch einmal zu untersuchen. An harzigem Kiefernholz fehlte es nicht; denn der Schwarzfußhäuptling hatte damals bei seiner ersten Verfolgung durch die Pawnees eine große Menge Reisig in einer der Seitenspalten aufgespeichert, und diese Fürsorge kam unsern Freunden zur Zeit trefflich zu statten.

Langsam schritten die beiden Männer den geräumigen Gang entlang. Der alte Waldläufer leuchtete mit seiner Fackel in jede Vertiefung der Wände, klopfte gegen das taube Gestein und vergaß auch nicht, den Fußboden der Höhle einer eingehenden Besichtigung zu unterwerfen; aber nirgends stieß er auf eine zweite Höhlung oder gar auf einen versteckten Ausgang.

Endlich, nach einem langen, ermüdenden Marsche erreichten die beiden Männer das Ende des Ganges und mit ihm eine hohe, geräumige Halle, deren seltsame Tropfsteinfiguren selbst den alten Kolter interessierten. Er hob seine Kienfackel hoch empor und nun sprühte ein Lichtglanz von den Wänden, daß es schier die Augen verblendete. Von oben und unten strahlte es auf; denn der größte Teil der Höhlung war mit Wasser angefüllt und aus den tiefgrauen, fast schwarzen Fluten schienen Feuerbrände aufzuleuchten, als trieben neckende Nixen ihr Spiel mit den zwei erstaunt dastehenden Menschenkindern.

Endlich machte sich Kolter an eine eingehende Untersuchung des Raumes; aber er fand keinen Ausweg, so viel er auch spähete und blickte und mit seinem Büchsenkolben gegen die Wandung stieß. Die Natur hatte hier eine Höhlung geschaffen mitten im Gestein ohne jede Fortsetzung.

Seufzend wandte sich der Alte ab und schritt, von Tatanka gefolgt, den Gang wieder zurück.

„Wir sind wirklich von der Welt da draußen abgeschlossen!" sagte er zu Astor. „Wir müssen unsere Fleischportionen kleiner machen und noch mehr Wasser trinken," fügte er mit umwölkter Stirn hinzu. „Vielleicht schickt uns unser Herrgott auf einem anderen Wege Rettung, wo nicht, so —"

Er brach ab und spielte mit dem Hahn seiner Büchse, als liege dort die Lösung der Schicksalsfrage verborgen.

In demselben Augenblick wurde von außen die Schießscharte frei gemacht und die Stimme Hiawathas vernehmbar.

„Hört Eisenauge, was ich sage?" rief der Dakotahäuptling; doch hütete er sich, seine Person in den Gesichtskreis seiner Feinde zu stellen.

„Ich höre!" entgegnete der Alte. „Was hat mir der Sachem der Dakota zu berichten?"

„Drei Bleichgesichter haben sich in die Höhle verkrochen!"

„Du irrst, Sachem! Auch der Häuptling der Schwarzfüße befindet sich bei uns!"

„Der Schwarzfuß ist ein Weib, das sich versteckt, wenn der Schakal heult!" rief Hiawatha verächtlich. „Er zählt nicht mit in dem Rate der weißen Männer!"

Ein zorniger Laut entrang sich dem Munde Tatankas; doch Astor suchte den erregten Indianer zu beruhigen.

„Aergere Dich nicht, Häuptling!" sagte er. „Höre lieber ruhig mit an, was uns der rote Halunke da draußen zu sagen hat!"

„Sprich keine Beleidigungen aus, Sachem!" verwies Kolter den Dakota. „Der Schwarzfuß ist unser Freund und genießt unser volles Vertrauen. Was willst Du von uns?"

„Hiawatha hat mit den Bleichgesichtern allezeit Friede und Freundschaft gehalten!" log Hiawatha frech. „Er jagte mit vielen unter Euch den Büffel und beherbergte manches Bleichgesicht in seinem Wigwam, ohne ihm ein Leid zuzufügen!"

„Verzeih', Sachem, wenn ich Dich unterbreche," fiel hier Kolter ein. „Alle Achtung vor Deinen Worten; aber dem Trapper, der bei uns verweilt, spieltest Du übel mit, verbranntest sein Hab' und Gut und nahmst ihm sein Weib —"

„Seine geliebte Sarah!" fügte Astor hinzu.

„Und einen meiner früheren Kameraden, den Patrick, hast Du elendiglich am Marterpfahle sterben lassen,

Sachem!" fuhr Kolter fort, „und mir wolltest Du das gleiche Geschick bereiten; aber es gelang mir, wenn auch unter erschwerenden Umständen, den Skalp zu retten. Ich denke, Du entsinnst Dich dieser Schandthaten, Sachem, trotz der sechs Jahre, die darüber vergangen sind. — So, Häuptling, nun fahre in Deiner Rede fort!"

Eine lange Pause entstand, endlich sagte der Dakota:

„Der Sachem hat damals nicht gut gehandelt; aber Manitu flüsterte ihm Böses ins Ohr und Hiawatha folgte wider Willen. Heute ist der Sachem der Dakota ruhiger geworden. Er begehrt nicht das Blut der Bleichgesichter; er begehrt nur den Schwarzfuß, der ihm seinen einzigen Sohn zu rauben suchte und Hiawatha schwer zu treffen gedachte!"

„Aber Sachem, hast Du nicht vor vielen Jahren den Vater Tatankas ohne jeden Grund und im tiefsten Frieden getötet?" entgegnete Kolter immer noch ruhig und ohne jede Erregung. „Hat dabei Manitu auch mitgesprochen oder war diese unerhörte That, wodurch ein ganzer Stamm schwer getroffen wurde, nur ein Ausfluß Deiner Blutgier? — Geh' stille nach Hause, Sachem, und sage niemand, daß Du auch nach dem Leben Tatankas trachtest und mit seinem Tode neues Unheil über den geachteten Stamm der Schwarzfüße zu bringen beabsichtigst. — Und nun will ich Dir noch zum Schlusse einen guten Rat geben, Sachem: Ziehe mit Deinen Leuten von hinnen, oder wir schießen Dir einen Krieger nach dem andern tot."

„Eisenauge lügt!" schrie Hiawatha zornig anf. „Meine Krieger sind vor den Kugeln der Bleichgesichter geschützt oder vermögen die weißen Männer durch die Felsen hindurchzuschießen?" Ruhiger setzte er hinzu: „Die drei Prairiejäger sollen frei sein, wenn sie den Schwarzfuß ausliefern. Man wird ihnen ihre Pferde wiedergeben und Büffelfleisch, so viel sie begehren. Was sagt Eisenauge zu dem Vorschlag?"

Kolter wollte auffahren, aber er bezwang sich, um den Feind nicht noch mehr zu reizen und versetzte:

„Dein Vorschlag ist nicht gut, Sachem. Wir können Tatanka, der sich uns vertrauensvoll anschloß, nicht preisgeben; wir müßten ja erröten vor Scham und Schande. Mag das Aergste über uns hereinbrechen; aber den Schwarzfuß liefern wir Dir nicht aus. Ich habe gesprochen!"

„Dann werden auch die Bleichgesichter sterben!" gab der Dakota ärgerlich zurück. „Die Höhle hat keinen zweiten Ausgang, und die weißen Männer besitzen nur noch wenig Fleisch. Hiawatha wird warten, bis die Gefangenen um Gnade winseln!"

Damit endete eine Unterredung, die auf beiden Seiten neuen Haß hervorrief. — —

Der zweite Tag verschwand wie der erste. Die Dakota draußen verhielten sich ruhig, und die Jäger drinnen sprachen wenig miteinander. Die Lage war zu ernster Natur und erstickte selbst den sonstigen Frohsinn Jonathans.

Und wie die ersten, so verschwanden auch sechs weitere Tage und dann trat der Augenblick ein, wo die Freunde das letzte Stück Fleisch verzehrten. In der letzten Zeit hatten überhaupt die Männer so winzige Portionen zu sich genommen, daß man von „Mahlzeiten" füglich nicht mehr zu sprechen vermochte. Die Hauptsache war Wasser, aber Wasser vermag wohl den Durst zu stillen, nicht aber die Kraft des Körpers zu erhalten. Des merkten die Vier schon längst und das bewies auch ihre schlaffe Haltung. Müde und matt lagen sie auf dem Boden der Höhle und nur hin und wieder regte dieser oder jener von ihnen einen Arm oder einen Fuß.

„Well, will verdammt sein, wenn mir nicht urplötzlich ein neuer Gedanke kommt!" rief Jonathan, der soeben einen Schluck aus der Quelle genommen. „Fließt nicht das Wasser nach dem See hinab?"

„Freilich!" entgegnete Kolter. „Aber was beweist das?"

„Das beweist, daß in dem See seitwärts oder auch unterhalb ein Abfluß sein muß, sonst würde ja schließlich die ganze Halle unter Waffer gesetzt werden!"

Der Waldläufer sprang empor und zündete eine Fackel an, dann flog er förmlich den Gang entlang. Ihm nach stürmten die Kameraden, ohne ihrer körperlichen Schwäche zu gedenken. Jetzt standen alle vier am Rande des Sees und starrten in den leicht gekräuselten Spiegel des Waffers. Plötzlich riß Jonathan die Fackel aus der Hand Kolters, warf sie auf die Erde und jubelte dann laut auf.

„Seht Ihr, daß ich recht habe!" rief er. „Warum ist jene Stelle des Waffers hart an dem Felsen heller? Dort giebt es einen Ausgang; aber er liegt mehrere Fuß unter dem Spiegel. Ha, man erblickt sogar die Ränder der Höhlung! Draußen befindet sich ein See und seine Fluten reichen bis hier herein. Bei hellem Fackellicht bemerkt man das nicht; aber nun uns Finsternis umgiebt, markiert sich die Durchbruchstelle ganz genau!"

„Hugh!" machte der Indianer, dann warf er sich in das Waffer, schwamm der von Jonathan bezeichneten Stelle zu und tauchte unter.

Ehe noch Kolter die vorhin erloschene Fackel angezündet, erschien der Dakota und ein Laut der Freude entfloh seinen Lippen, als er seinen Fuß auf das Trockene setzte.

„Der große Zauberer hat recht!" rief er gegen seine sonstige Natur erregt. „Er ist klug und rettete das Leben tapferer Männer. Eine breite Höhlung führt durch den Felsen hindurch. Tatanka sah den Himmel, die Bäume und dahinter die weite, unermeßliche Prairie. Der Sachem der Schwarzfüße wird das Dorf seiner Väter wiedersehen und seine Mutter, die er so lieb hat. Meine weißen Freunde sollen bei ihm wohnen und Tatanka wird ihnen viel Wild schießen, daß sie wieder Kräfte sammeln und fett werden!"

„Well, will verdammt sein, wenn das nicht ganz verlockend ist!" meinte Jonathan, der seinen alten Gleichmut

schnell wieder gewann und Miene machte, eine seiner Ge=
schichten vom Stapel zu lassen. Kolter jedoch drängte nach
dem Höhleneingang zurück, weil, wie er angab, Hiawatha
leicht einen Angriff unternehmen könnte. —

Der Tag verrann unsern Freunden sehr schnell. Man
traf zunächst Vorbereitungen, um Waffen und Munition
trocken durch das Wasser zu bringen. Tatanka gab seine
gerettete Büffelhaut her, wickelte Büchsen und Pulverhörner
in das weich gegerbte Fell und schnürte beide Enden fest
zusammen, so daß ein Eindringen des Wassers vollständig
ausgeschlossen war. Dann verstärkte man den Ausgang
durch die Aufführung einer neuen Felsenschicht, um den
Dakota einen etwaigen Sturm zu erschweren. Die Arbeit
selbst wurde mit großem Geräusche ausgeführt, um den
Feinden den Beweis zu liefern, daß die Gefangenen noch
am Leben und nicht gewillt seien, sich lebendig fangen zu
lassen. —

Gegen Abend brachen die vier Jäger auf und schlichen
nach dem See hinab. Jonathan war der erste, der in das
Wasser tauchte, dann folgten Astor, Kolter und zuletzt
Tatanka mit den Gewehren. Alle langten glücklich jenseits
der Felsenwand an, schwammen durch den See und er=
reichten ungefährdet das rettende Ufer. An einem dichten
Gebüsch rasteten die so wunderbar Geretteten, befreiten die
Waffen von der Hülle und versenkten diese, um jede Spur
zu vertilgen, in das Wasser des Sees.

Trotz der Dunkelheit vermochten sich Kolter und Ta=
tanka zurecht zu finden. Letzterer übernahm die Führung,
blieb aber schon nach mehreren hundert Schritten stehen und
stieß ein leises „Hugh!" aus.

„Was hast Du, Sachem?" flüsterte Kolter, der un=
mittelbar hinter dem Häuptling dahinschritt.

Tatanka zeigte nach der Felsenwand hinauf.

„Sieht Eisenauge den matten Blitzschein da oben?
Wir befinden uns nicht auf der Süd=, sondern auf der
Nordseite des Gebirges. Da oben lagern die Dakota und

dort ist auch die Schlucht, in welcher wir uns von den Pferden trennten!"

„Alle Wetter, dann rennen wir ja den Feinden direkt in die Hände!" meinte Aftor, der herzugetreten und Tatankas Worte gehört hatte.

„Hm, hm!" machte Kolter, „drum schwenkte auch der Gang der Höhle so stark nach Norden herum, was mich eigentlich Wunder nahm. — Was meinst Du, Sachem, wollen wir den Dakota einen Besuch abstatten? Vielleicht gelingt es uns, ein paar Pferde zu erbeuten; denn aller Voraussetzung nach haben die Feinde ihre Tiere in jener Schlucht untergebracht!"

„Well, will verdammt sein, wenn das nicht ein ganz vorzüglicher Gedanke ist!" meinte Jonathan. „Wenn ich späterhin in Connecticut erzähle, was wir hier ausgerichtet haben, so glaube ich, ernennt man mich wirklich zum großen Zauberer der Bleichgesichter. Also vorwärts! statten wir den Dakota eine Nachtvisite ab und schicken wir sie in die Jagdgründe ihrer Väter!"

„Manitu hat die Feinde in unsere Hände gegeben!" pflichtete auch Tatanka bei, und nun setzten sich die der Gefahr kaum entronnenen Männer in Bewegung, um im Dunkel der Nacht den Überfall auszuführen.

Sie schlichen nach der Felsenkette hinüber, krochen zwischen dem Geröll hindurch und erreichten endlich die Schlucht und den Kiefernhain, in welchem sie vorläufig geschützt waren gegen die wachsamen Feinde.

Tatanka unternahm es, den Ort auszukundschaften, an welchem sich die Pferde befanden. Aber erst nach einer halben Stunde kehrte der Schwarzfuß zurück.

„Nun, Sachem, hast Du das Lager der Feinde entdeckt?" flüsterte Kolter.

„Meine weißen Freunde mögen nur folgen!" gab der Indianer ebenso leise zurück. „Ein Späher ist tot; drei Dakota schlafen noch unter den Kiefern, aber wir werden über sie kommen und ihnen das Leben nehmen!"

Die vier Männer schlichen tiefer in die Berge hinein, und endlich erreichten sie die Stelle, an welcher die Hüter mit den Pferden verweilten.

Tatanka, Kolter und Astor übergaben Jonathan ihre Büchsen, nahmen die Messer zwischen die Zähne und schlichen einer kleinen Baumgruppe zu, unter welcher die Dakota verweilen sollten.

Tiefe Finsternis lagerte über der Gegend. Von den schlummernden Feinden war nichts zu bemerken. Da fielen plötzlich oben im Gebirge mehrere Schüsse und sofort tauchten drei dunkle Gestalten unter der Baumgruppe auf. Es waren die Feinde, die, von dem Geknatter der Büchsen erwacht, jetzt gespannt in die Nacht hinauslauschten.

Da fiel die Entscheidung. Blitzschnell stürzten sich die Jäger auf die nichts ahnenden Sioux. Astor stieß dem einen Indianer sein Messer in das Herz, daß er lautlos zusammenbrach; Kolter packte den andern und seine gewaltigen Fäuste umspannten mit eisernem Griff den Hals des Opfers; Tatanka dagegen zerschmetterte dem dritten den Schädel, doch konnte er nicht verhindern, daß der unglückliche Dakota einen weithin gellenden Schrei ausstieß, dem wenige Augenblicke später von den Bergeshöhen eine Antwort folgte.

„Alle Wetter, jetzt schnell, ehe uns die Feinde über den Hals kommen!" rief Kolter. „Tatanka, sichere uns die Pferde, — Astor, sieh', ob Du die Fleischvorräte zu finden vermagst und dann vorwärts, hinaus in die Prairie, bevor die Dakota Kenntnis von dem Streich erlangen, den wir ihnen gespielt!"

In kurzer Zeit waren sämtliche Pferde von den Bäumen gelöst. Astor, der die Fleischvorräte sofort entdeckte und einen der Mustangs damit belud, sprang in den Sattel seines alten, treuen Rosses und folgte seinen Freunden, welche, die aneinander gekoppelten Pferde vor sich her treibend, dem Ausgange der Schlucht zustrebten.

Noch hatten die Jäger die Prairie nicht erreicht, da

wurde es oben im Gebirge lebendig. Flüche schallten her=
über und dann leuchteten Feuerbrände zwischen den Felsen
auf, das Nahen der Feinde verkündend.

„Sie kommen!" meinte Kolter, still vor sich hin=
lachend. „Hiawatha hat höchst wahrscheinlich einen Sturm
auf die Höhle versucht und uns nicht gefunden; denn anders
lassen sich die Büchsenschüsse von vorhin nicht erklären!"

„Wird der Kerl aber ein Gesicht machen, wenn er in
die Schlucht zurückkehrt und keinen Pferdeschwanz vorfindet!"
fiel Astor ein.

„Well, will verdammt sein, wenn mir bei dieser Ge=
legenheit nicht eine Geschichte aus Connecticut einfällt!"
fügte Jonathan hinzu; doch Kolter bedeutete dem Yankee,
daß jetzt nicht Zeit zum Geschichtenerzählen sei, daß man
vielmehr Augen und Ohren offen halten müsse, um bei der
Dunkelheit der Nacht glücklich aus dem Labyrinth der Felsen
zu entkommen.

11. Kapitel.

In Freiheit. — Diebische Gäste.

Gerade in dieser Nacht unternahm Hiawatha einen Sturm auf die Höhle. Zwar hatten die Unterhäuptlinge von dem gefährlichen Unternehmen abgeraten; aber der ungestüme Sachem wollte nicht länger zögern. Übrigens waren ja die Bleichgesichter, seiner Berechnung nach, von dem langen Fasten körperlich so ermattet „und infolge dessen so wenig widerstandsfähig, daß sie einem Angriffe der tapferen Dakota schon nach kurzem Kampfe erliegen mußten. Und wenn auch mehrere der roten Krieger dahinsanken, was galt das in den Augen des leidenschaftlich erregten und haßerfüllten Sachem. —

Um Mitternacht begann der Sturm. Gewandte, kräftige Hände rissen die den Eingang schützenden Felsstücke hervor, und dann sandten die Sioux Schuß nach Schuß in das Innere der Höhle. Aber keine Antwort ertönte. Da drinnen herrschte eine Grabesstille. Das Massenfeuer mußte gewirkt haben, oder lagen vielleicht die Feinde im Hintergrunde des Felsenbaues verborgen?

Krieger nach Krieger schlüpfte in die Halle, und nun standen die broncefarbenen Gestalten und starrten die nackten Wände an. Kein Bleichgesicht ließ sich sehen; nur auf dem Boden lagen die Fetzen einer alten Büffelhaut.

„Hugh!" rief Hiawatha, dann schlich er den Gang entlang, erreichte den Endpunkt desselben und blieb entsetzt neben dem See stehen. Wo waren die Feinde? Hatten sie den Tod in dem See gesucht oder hatte sie Manitu durch den harten Felsen entführt?

7*

„Medizin!" stammelte Hiawatha, und „Medizin!" ertönte es in der Runde. Der große Zauberer der Bleich= gesichter hatte hier wieder einmal seine unfaßbaren Künste angewandt, oder war das etwa gar ein Werk Manitus selber?

Bestürzt kehrte der Dakotahäuptling um und verließ eine Stätte, die so viel Übernatürliches und Zauberhaftes in sich barg. Draußen auf dem Plateau stand er noch eine geraume Zeit und starrte den sternenbesäeten Himmel an, als könne ihm der die gewünschte Aufklärung geben. Plötzlich fuhr er zusammen; denn aus der Schlucht herauf erscholl ein markerschütternder Schrei, der Schrei eines Kriegers, dem der Tod im Herzen saß.

Nur einen Moment horchte Hiawatha, dann stieß er gräßliche Verwünschungen aus und flog förmlich über die Felsen dahin, der von Feinden bedrohten Niederung zu; ihm nach stürmten seine Leute. — Aber die Dakota kamen zu spät, um die Ihrigen dem Untergange zu entreißen: Da lagen sie alle Vier erschlagen und gräßlich entstellt; denn Tatanka hatte trotz der Eile nicht vergessen, den un= glücklichen Wächtern die Skalpe zu rauben.

Hiawatha stand wie zu Stein erstarrt. Kein Laut kam über die fest aufeinander gepreßten Lippen des Häupt= lings; aber in seinem Innern tobten die widerstreitendsten Gefühle und quälten ihn die seltsamsten, angsterregendsten Gedanken: Hatte er nicht schuld an dem Tode dieser vier edlen Krieger, die entseelt vor ihm lagen? Warum ver= weilte er mit allen seinen Leuten da oben im Gebirge und überließ diese Männer dem Verderben! — Wie sollte er daheim vor dem Rate der Häuptlinge bestehen, wenn man ihn des Leichtsinns, ja, des Mordes anklagte und wenn man von ihm noch obenein die vielen Pferde zurückforderte, die er hier verloren?

Der Häuptling zuckte zusammen. Ja, die Pferde! Da draußen auf der Prairie donnerten die Hufe der Mustangs und dann wieherte eines der Tiere so laut und freudig, daß es wie ein Jubelſchrei der Freiheit klang. Hätte der Sachem gewußt, daß dieſe Töne von dem Prairiefuchs herrührten, er würde halb wahnſinnig vor Wut geworden ſein.

„Was gedenkt der Häuptling zu thun?" forſchte einer der beſtürzt umherſtehenden Dakota. „Hört der Sachem die Hufſchläge unſerer Pferde draußen auf der Ebene? — Manitu zürnt auf ſeine roten Kinder. Er verhüllte ihnen die Augen, daß ſie ihre Feinde nicht zu finden vermochten; er raubte ihnen die Muſtangs und gab ſie den Bleich= geſichtern. Die Krieger werden nun wie die Schnecken über die Prairie dahinkriechen und erliegen, wie die Coyotes unter den Füßen der Büffel!"

Hiawatha erwachte aus ſeinem Traumleben. Lange blickte er auf den Sprecher, dann erhob er die Rechte nach dem Ausgange der Schlucht.

„Die Dakota beſitzen keine Pferde; aber ſie ſind weder Schnecken noch feige Coyotes. Ihre leichten Füße werden ſie über die Ebene tragen und zwar ſchneller, als mein roter Bruder denkt. Seit wann jammern tapfere Krieger und klagen um verlorene Muſtangs? Auf, folgen wir den Bleichgeſichtern und überfallen ſie, wenn ſie ſich ſorglos der Ruhe hingeben!"

Hiawatha ſchritt nach dieſen Worten dem Ausgange der Schlucht zu, und die Dakota folgten ihrem Führer, aber kein Beifallsruf unterſtützte die Rede ihres bis dahin hoch angeſehenen Häuptlings; denn alle wußten, daß ein Indianer ohne Pferd auf der weiten, unermeßlichen Prairie keine Bedeutung beſaß und früher oder ſpäter den Gefahren der Wildnis erliegen mußten. —

Unſere Flüchtlinge hatten indeſſen die Prairie erreicht und zogen nun in nordweſtlicher Richtung dahin, den Dörfern der Schwarzfüße zu. Tatanka folgte nur zu gern den Bitten Aſtors und zeigte ſich bereit, mit einigen Hundert ſeiner Stammesgenoſſen das Lager der Dakota zu über=

fallen und Sarah, des Trappers Weib, aus den Händen der verhaßten Feinde zu befreien.

Meile nach Meile legten die Jäger zurück. Die Sonne stieg über dem östlichen Horizonte empor. Noch lagerte ein leichter Nebel über der Gegend; aber nur zu bald verflüchtete der Dunstschleier und nun glitzerte und blitzte es auf der grasreichen Ebene, als sei der ganze unermeßliche Raum mit den kostbarsten Edelsteinen besäet.

„Well, will verdammt sein, wenn mir nicht jetzt geradeso zu Mute ist, wie seinerzeit jenem Temperanzler Jackson in Connecticut in sternenheller Juninacht!" meinte Jonathan.

„Und wie war dem zu Mute?" fragte Kolter, der dem Yankee zunächst ritt.

„Well, Sir, wir jungen Burschen hatten eines Abends eine Festivity (Festlichkeit) gehabt," erzählte Jonathan in seiner langsamen Weise, „und da lauter lustige Gesellen bei einander waren, so gab es manche drolligen Einfälle zu hören und manche neckische, theatralische Aufführungen zu sehen. Erst um Mitternacht trennten wir uns, nachdem wir noch zuvor gemeinschaftlich den Yankee=Doodle gesungen. Ich schritt mutterseelenallein durch die Hauptstraße des Städtchens und befand mich in recht animierter Stimmung, d. h. zu allerlei jugendlichen Dummheiten aufgelegt, — da plötzlich erscheint vor mir, aus einem Gäßchen kommend, ein alter Junggeselle, namens Jackson, ein strenger Temperanzler, der wegen seiner religiösen Unduldsamkeit von den Whiskeybrüdern geradezu gehaßt wurde. Derselbe Mann spazierte, ohne eine Ahnung von meinem Dasein zu haben, langsam dahin, blickte zu dem sternenbesäeten Himmel auf und sang: „Es kann mir nichts geschehen; ich steh' in Gottes Hut!" — Well, denke ich bei mir selbst, ich bin doch neugierig, ob unser Herrgott dem alten scheinheiligen Jackson wohl will und ob dieser wirklich bei dem himmlischen Herrscher in so großem Ansehen steht, wie er sich den Anschein giebt. Schwapp! haue ich dem glaubensstarken Mann eins hinter die Ohren, daß er wie ein Stück Holz in eine große Regenpfütze fliegt und hier alle „Viere" von sich streckt!"

„Alle Wetter, das war freilich ein schlagender Beweis von der Unhaltbarkeit der Jackson'schen Behauptung!" meinte Kolter lachend. „Aber folgte nicht für Euch ein Nachspiel, Jonathan? Oder gab's in Connecticut keine Konstabler und Gerichtsleute zu der Zeit?"

„Freilich, Sir!" entgegnete der Yankee mit einem Anflug von Lächeln. „Mein Alter hatte damals das Regiment im Orte und da der dem Jackson von der Temperanz her nicht wohl wollte, so wies er die Klage des Junggesellen zurück, weil er zum allgemeinen Aergernis der Ortseingesessenen, noch dazu in den stillen Stunden der Mitternacht, mit unserm Herrgott im Himmel ein frevelhaftes Spiel gespielt habe, welches nach menschlicher Satzung streng geahndet werden müsse und durch die empfangene Ohrfeige nur teilweise gesühnt worden sei. Wenn daher Junggeselle Charles John Jackson in eine nachträgliche Strafe von dreißig Dollar genommen und ihm ferner derartige nächtliche Ruhestörungen auf das Strengste untersagt werden, so müsse der p. Jackson aus dem ihm diktierten niederen Strafmaß das ganz besondere Wohlwollen seiner irdischen Richter dankend erkennen! — so dekretierte und motivierte zugleich mein Alter eine Strafe, gegen welche der Temperanzler Jackson vergeblich Beschwerde einreichte. Er zahlte unter den gräßlichsten Schwüren die dreißig Dollar, hat sich aber später nie wieder auf den himmlischen Protektor berufen, wenn er „weinlaunig" bei nächtlicher Zeit durch die Straßen der Stadt strich." —

Am Mittag rasteten unsere vier Freunde unter einer Baumgruppe, die sich rasenartig mitten aus der Prairie erhob und unter deren dichtem Blätterdache es sich behaglich ruhen ließ. Aber schon nach einer Stunde verließen die Jäger das kühle, schattige Plätzchen und ritten hinaus in die Sonnenglut. Kein Wölkchen trübte den blauen, prächtigen Himmelsbogen, und kein Lüftchen regte sich und schüttelte das hier ziemlich hohe Grammagras, das stellenweise so üppig wucherte, daß die Pferde nur schrittweise hindurch zu gelangen vermochten.

Bis zum späten Abend blieben die Prairiejäger im Sattel, dann machten sie in einem jener Mottes halt, die sich gleich Inseln aus der Grasebene erheben, und die außer Baumgruppen und vereinzelten Gebüschen bisweilen eine reiche Blumenflor beherbergen. Hier findet man gewöhnlich Büffel in Menge, auch Antilopen und wilde Pferde sowie Fasanen und Truthühner, — aber auch die hinterlistige Rothaut, die gerne an solchen wildreichen Orten zu verweilen pflegt.

Das kleine größtentheils mit Hickorybäumen bestandene Wäldchen eignete sich prächtig als Nachtquartier; denn es gewährte vollkommen Schutz gegen heranschleichende Feinde und barg, ein besonders wichtiger Punkt, eine Quelle des reinsten, wohlschmeckenden Wassers.

Während der Schwarzfuß einen Truthahn für die Abendmahlzeit zubereitete, sorgten die drei weißen Männer für die Pferde, weideten und tränkten sie und trieben sie dann unter die Bäume, wo sie sich sofort streckten und schliefen.

Die Nacht verrann ohne jeden bemerkenswerten Zwischenfall, und schon wollten unsere Freunde zum Aufbruch rüsten, da stieß Tatanka ein „Hugh“ der Überraschung aus und zeigte mit der Rechten nach Osten hinüber. Dunkle Gestalten tauchten aus dem Grasmeer auf und näherten sich der Lagerstätte der Jäger.

„Bei meiner Seele, das sind Rothäute!“ rief Kolter und trat hinter den schützenden Stamm eines Baumes. Lange blickte er nach der Stelle hinüber, dann fügte er verächtlich hinzu: „Es sind zwanzig Pawnees, die irgend ein Umstand so weit nach Norden führte. Wittern sie unsre Pferde, dann werden sie nicht unterlassen, dem Mottes einen Besuch abzustatten!“

„Sie jagen an unserm Nachtquartier vorüber und beabsichtigen die Büffel da drüben zu hetzen!" meinte Astor, der auf den Lauf seiner Büchse gelehnt, ruhig dem Gebahren der Feinde zusah. „Seht doch, wie prächtig die Kerle zu Pferde sitzen! Reiten können die Spitzbuben, das muß man ihnen nachsagen. Ah —"

Er brach ab und zeigte auf einige der gefangenen Mustangs, die soeben aus dem Wäldchen traten und nun das frische, saftgrüne Büffelgras abweideten.

„Alle Wetter, jetzt sind wir verraten!" rief Kolter ärgerlich. „Schnell Häuptling sichere uns die Reitpferde, ehe die Stampade*) beginnt! Ah, da sind die luchsäugigen Schufte schon. Nieder auf die Erde Jonathan und dann einige Salven auf die roten Teufel!"

Wie auf Windesflügeln kamen die Pawnees heran. Halbnackt, die Köpfe tief hinter die Hälse ihrer Tiere geneigt und die Beine hoch emporgezogen glichen sie koboldartigen Wesen, und wenn dieser oder jener dunkelhäutige Körper bald auf der rechten, bald auf der linken Seite der im gestreckten Karriere daherfliegenden Mustangs verschwand, so schien es, als wollten die Pawnees nur ihre Reiterkünste zeigen.

„Die verflixten Kerle!" rief Kolter ingrimmig, dann knallte seine Büchse und einer der Feinde flog im Bogen aus dem Sattel und fiel in das Gras.

Der Lärm, der sich nun erhob, spottete jeder Beschreibung. Die fern auf der Ebene weidenden Büffel galoppierten erschreckt von dannen; die schleichenden Coyotes heulten laut auf, senkten die „Rute" und suchten schleunigst das Weite; die innerhalb des Wäldchens frei umhergehenden Mustangs, durch das Kriegsgeschrei der Pawnees in Verwirrung gesetzt, brachen unter den Bäumen hervor und stürmten in die Prairie hinaus, begrüßt von dem

---

*) Durchbruch erschreckter Tiere.

Jubelgeschrei der Pawnees, die sofort auf die erschreckten Tiere Jagd machten.

Kolter wetterte und tobte, aber das Unglück war nun einmal geschehen. Die meisten der Mustangs fielen den spitzbübischen Rothäuten in die Hände und unsern Freunden blieben schließlich außer ihren Reitpferden noch vier der besten und edelsten Renner übrig, die Tatanka so glücklich war, zurückzuhalten. —

Erst zwei Stunden später verließen die Jäger den Hickoryhain und nahmen ihre Reise nach den Dörfern der Schwarzfüße wieder auf.

12. Kapitel

Auf blutiger Fährte.

Es war Nacht. Eine lautlose Stille herrschte in der Natur; nur eine einsame Nachtschwalbe stieß ein paar melancholische Töne hervor, brach aber sofort wieder ab und flüchtete erschrocken in das rabenschwarze Dunkel einer großmächtigen Eiche.

Und nun kam es hervor unter den Baumgiganten düster und geheimnisvoll, in langen Reihen. Ein Trupp berittener Indianer war es vom Stamme der Schwarzfüße in den Kriegsfarben, bis an die Zähne bewaffnet und auf dem Wege nach dem Dorfe der Dakota.

Tatanka leitete das dreihundert Mann starke Kommando und war begleitet von den drei weißen Jägern Kolter, Astor und Jonathan.

Still und geräuschlos bewegte sich der Zug durch die Wildnis, vorüber an trügerischen, gefährlichen Sümpfen und felsigen, schwer passierbaren Felspartieen, immer weiter und weiter dem feindlichen Dorfe entgegen.

Jetzt ging der Mond auf, und nun sandte Tatanka geschickte Kundschafter aus, welche die Weisung erhielten, sich, wenn irgend möglich, in das Lager der Dakota zu schleichen und die Schwächen der Feinde zu erspähen. — Alle kehrten mit der Nachricht zurück, daß die ganze Dorfbewohnerschaft im tiefen Schlafe liege und selbst der Wachtdienst lässig verrichtet werde.

Hinter einem dichten Gebüsch hielt der Sachem sein

Pferd an, verließ den Sattel und schlich nach dem Rande des Waldes hinüber. Kolter folgte dem roten Freunde und beide fanden in einer grasreichen Vertiefung ein günstiges Plätzchen, von dem aus sie den größten Teil des Dakotadorfes zu überschauen vermochten.

Das Wiesenthal schien förmlich in Mondlicht getaucht zu sein, so hell und klar trat alles hervor — die hellgetünchten Hütten und Zelte, die hohen skalpbehangenen Stangen, das frische, prächtige Grün der fruchtbaren Niederung und das sich bandartig dahinziehende Bächlein mit seinen buschreichen Ufern.

„Wir werden uns nicht unbemerkt über das Wiesenland schleichen können!" flüsterte Kolter dem Häuptling zu, nachdem er das Terrain vor sich einer genauen Prüfung unterzogen. „Nur ein schneller, von allen Seiten unternommener Angriff könnte Erfolg haben und uns in den Mittelpunkt des Ortes bringen, bevor die bestürzten Feinde an Widerstand denken!"

„Tatanka wird drei Heerhaufen machen und hierauf thun, wie sein weißer Freund geraten hat," versetzte der Schwarzfußhäuptling, und dann schlich er zu seinen Leuten zurück und erteilte ihnen in aller Stille seine Befehle.

Von klugen, gewandten Unterhäuplingen angeführt, umschlichen die einzelnen Abteilungen das Dorf und stürzten sich hierauf, einem vorher verabredeten Signal folgend, unter einem entsetzlichen, ohrbetäubenden Geschrei auf die nichtsahnenden und im tiefen Schlummer ruhenden Feinde.

Gräßlich war das Erwachen der Dakota. Überall wütete der Tomahawk der Schwarzfüße in einer kannibalischen Weise und manch einer der noch schlaftrunkenen Indianer fiel unter den Streichen der erbitterten Gegner, bevor sich noch das Kriegsbeil zur Abwehr erhoben.

Padani, der Sohn Hiawathas, kämpfte mit den Tapfersten seines Volkes an der gefährlichsten Stelle des Lagers. Sein Tomahawk rauchte bereits von dem Blute

der Erschlagenen und sein helles Kriegsgeschrei ertönte auf-
munternd über das Dorf dahin; aber die Wagschale des
Sieges neigte sich zu Gunsten der Angreifer. Schon bei
dem ersten Angriff der Schwarzfüße waren viele der edelsten
und besten Krieger gefallen, und dieser immerhin harte
Verlust entmutigte die Dakota und beeinflußte selbst ihre
kriegerischen Operationen.

Immer neue Schwarzfüße brachen aus dem das Dorf
begrenzenden Walde hervor und von Minute zu Minute
gestaltete sich die Situation für die armen Dakota un-
günstiger und gefahrvoller. Einige flüchtige Weiber lagen
bereits erschlagen am Boden, während erschreckte und ver-
irrte Kinder nach ihren jammernden Müttern schrieen und
in ihrer Angst den scharf vordringenden Schwarzfüßen in
die Hände liefen.

Die „Schwarze Natter," der Führer der Dakota, das
Ende des Schreckens voraussehend, entschloß sich, selbst mit
Gefahr seines Lebens, die Frauen und Kinder zu retten.
Er berief schnell einige der angesehensten tapfersten Krieger,
teilte ihnen seinen Plan mit und befahl ihnen, mit dem
Gros der waffenfähigen Männer einen Durchbruch zu versuchen und für die nachfolgenden Squaws und Pappuses
eine Gasse zu bereiten. Den Rückgang nach Osten zu
decken, behielt sich der Häuptling vor, obwohl er mußte,
daß er und die wenigen Männer mit ihm dem Tode unrettbar verfallen waren.

Bewundernd blickte man auf den Führer, doch niemand
wagte Einspruch zu erheben gegen einen Plan, der möglichenfalls das Verderben aller herbeiführen und selbst den
Weibern und Kindern statt Freiheit und Leben — Gefangenschaft oder Tod bringen konnte. — Schnell traf man
die nötigen Vorbereitungen, und während die „Schwarze
Natter" mit dem zum Tode geweihten Häuflein Krieger
einen ungestümen Angriff unternahm, brach ein gewaltiger
Reitertrupp, Squaws und Pappuse mit sich führend, durch
die Reihen der bestürzt zurückweichenden Schwarzfüße.

Die Erde erbebte unter den vielen Rosseshufen. Wohl stürzten hier und da einige der wilden Mustangs mit ihrer doppelten, oft dreifachen Bürde; aber über sie hinweg setzte die dunkle Schar. Gleich Gespenstern huschten die Reiter an den Feinden vorüber und gewannen den schützenden Wald.

Tatanka stieß einen Wutschrei aus. Der ganze Vorgang hatte sich so überraschend schnell abgespielt, daß er keine Vorbereitungen zu treffen vermochte, um den Durchbruch der Feinde zu verhindern. Fort waren die vielen, prächtigen Pferde, deren Besitz allein schon ausreichend gewesen wäre, die Wünsche seiner Leute zu befriedigen und die von dem Stamme gebrachten Opfer an Menschenleben zu entschädigen. — —

Kolter, Astor und Jonathan kämpften auf der Ostseite hart nebeneinander. Fast ununterbrochen knallten ihre Büchsen und jeder Schuß bedeutete ein Menschenleben.

„Ich bin doch wirklich neugierig, wo ich eigentlich meine Sarah treffen werde!" meinte Astor gelassen, indem er seine Büchse lud. „Vorhin war es mir fast, als höre ich ihre liebe Stimme durch den Spektakel hindurchschallen, aber es ist wohl nur Täuschung gewesen. Sie scheint unter den Dakota viel von ihrer natürlichen Frische verloren zu haben!"

„Well, will verdammt sein, wenn ich dem letzten Gedanken widerspreche!" fiel Jonathan ein und suchte nach einem neuen Ziel für seine Büchse. „Madame Astor wird hoffentlich wohlauf und so gescheit sein, sich im fernsten Winkel einer kugelfesten Hütte zu verbergen. — Meine Mary war etwas nervenschwach und hätte einen derartigen Spektakel, wie er hier herrscht, kaum geduldig ertragen; sie fiel schon in Ohnmacht, als ich ihrem Liebhaber, dem Dandy, den Whiskeykrug aus der Hand schlug. Die Mary, die eigentlich immer etwas rot aussah, wurde bei der Gelegenheit so weiß, wie der Kalk an der Wand. — Doch zum Teufel, was geht denn da drüben vor? Well,

will verdammt sein, wenn hier nicht die Dakota durchzu=
brechen versuchen!"

Im wilden Karriere kamen sie heran. Reiter nach
Reiter flog durch die grasreiche Niederung und sprengte
die etwas steile Böschung des Waldrandes heraus, Schutz
suchend im Dunkel der Baumdickichte. Das buschreiche
Unterholz krachte und knackte unter den Hufen der schaum=
bedeckten Rosse und hier und dort ertönte der Wehruf
eines Weibes oder eines Kindes, wenn die Dornen eines
Rankengewächses die nackten Körper zerrissen.

Mehr und mehr lichtete sich der fliehende Haufe; nur
noch vereinzelte Krieger jagten an den drei Jägern vor=
über. Einer der Rothäute trug eine seltsame Last, ein
Weib mit lang herabwallenden Haaren und flatternden
Gewändern.

„Alle Wetter, Astor, das ist Deine Sarah!" rief
Kolter und fuhr wie der Blitz nach dem Reiter herum.
„Sieh doch, wie sie sich wehrt gegen die Gewalt des
Indianers und sich zu befreien sucht. Soll ich schießen,
Astor? Freilich, die Kugel kann auch Dein Weib treffen!"

„Schieß, Kolter, schieß!" stöhnte der Trapper und
dann sprang er hinter dem Reiter her. „Sarah!" schrie
er, so laut er vermochte. „Hörst Du mich, Sarah, einzig
geliebte Sarah?"

„David! O mein Gott!" gellte es herüber und dann
knallte Kolters Büchse und zwar mit glücklichem Erfolg.
Der Mustang, tödlich getroffen, richtete sich kerzengerade
empor, stieß einen klagenden Laut aus und schlug dann
schwer zu Boden, Mann und Weib weit von sich schleudernd.

„Ich komme, Sarah! Ich komme!" rief Astor, stürzte
über die kleine Lichtung, auf der sich das Drama ab=
gespielt und stand jetzt neben seinem Weibe; aber schon
schwang der Dakota den Tomahawk, um ihn auf den
Kopf der besinnungslos daliegenden Trappersfrau fallen
zu lassen.

„Halt, Sioux!" schrie Astor und er fühlte, wie ihm

das Blut angstvoll nach dem Herzen drang. „Tötest Du mir mein Weib, teuflische Rothaut, dann reiße ich Dir das Fleisch in Stücken vom Leibe!"

Ein höhnisches Lachen ertönte. Die Linke des Dakota vergrub sich in dem reichen Haargeflecht Sarahs, während die Rechte das blitzende Schlachtbeil schwang. Da knallte Jonathans Büchse, und der Arm, der die todbringende Waffe hielt, sank kraftlos herab. Ein heftiges Zucken durchflog den schlanken Körper des Sioux; dann brach der Indianer zusammen.

Jetzt warf sich Astor über sein Weib und umfing es mit beiden Armen: „Sarah, meine liebe, gute Sarah, hörst Du mich? Ich bin ja bei Dir, Dein Mann, Dein David!"

„Mein einzig geliebter David!" schluchzte das geängstigte Weib, dann schienen ihr abermals die Sinne zu vergehen.

„Well, will verdammt sein, wenn die sich nicht gerade so benimmt, wie meine Mary in Connecticut!" meinte Jonathan neugierig hinzutretend. „Dachte ganz gewiß, die Frau habe Nerven von Stahl; aber ihr gehts wie allen Weibsleuten. Ob sie nun den Geist des Widerspruchs aufgeben wird?" — —

Mittlerweile tobte der Kampf unten im Dorfe weiter. Die „Schwarze Natter" sammelte die wenigen noch übrig gebliebenen Krieger um sich und versuchte den Rückzug nach den weiter unterhalb liegenden Felsenpartieen; aber der Plan mißlang. Die Übermacht der Feinde war zu groß. Der letzte Akt des Dramas spielte sich zwischen den äußersten Hütten des Dorfes ab. Speere sausten von hüben nach drüben, Tomahawks fuhren, von kräftigen Händen regiert, klirrend gegeneinander und dazwischen ertönten verzweifelte Schmerzensschreie der schwer Getroffenen und die Jubelrufe der Sieger.

Keilartig schob sich das Häuflein der Dakota in die Massen der Feinde; aber Krieger nach Krieger sank unter den wuchtigen Hieben der erbarmungslosen Schwarzfüße. Da rief Tatanka:

„Warum opfert die „Schwarze Natter" alle ihre Leute? Meine jungen Krieger dürsten zwar nach dem Blute der Feinde, aber sie werden ihre Tomahawks senken, wenn die Dakota um Erbarmen flehen!"

„Ein Dakota fleht nie um Erbarmen!" gab die „Schwarze Natter" zurück. „Die Schwarzfüße sind stinkende Tiere. Da stirb!"

Er warf sein Kriegsbeil auf Tatanka; aber dieser neigte sich blitzschnell und die Waffe flog haarscharf über seinen Rücken hinweg und fuhr in den Stamm eines Baumes, wo sie tief einschneidend sitzen blieb.

Die That der „Schwarzen Natter" entfachte den Zorn der Schwarzfüße und erstickte jedes Gefühl menschlicher Barmherzigkeit in ihnen. Wutentbrannt drangen sie von allen Seiten auf das kleine Häuflein der Feinde ein, und kaum zehn Minuten später sank auch der letzte der Dakota, die „Schwarze Natter" unter den Streichen der unerbittlichen Sieger. Nur Padani war entkommen. Wo er geblieben, wußte kein Mensch und wie er sich zu retten vermocht, war allen, die ihn noch vor wenigen Minuten gesehen, ein unlösbares Rätsel.

Der Mond trat soeben hinter einer dunklen Wolke hervor und beleuchtete ein Bild, wie es kaum grausiger gedacht werden konnte: Ringende Menschengestalten, zuckende, sich vor Schmerzen krümmende Leiber, blutige, entstellte vom Tode umfangene Leichname, in hellen Flammen stehende Hütten und rings umher die grell beleuchtete Landschaft als Staffage, — das waren die Sujets jenes schrecklichen Bildes. —

Vorüber war die Schlacht. Die Schwarzfüße zerstreuten sich zwischen den Hütten, um die Früchte ihres teuer erkauften Sieges einzuheimsen. Beutestücke aller Art wurden zusammengeschleppt: Waffen, Decken, Matten, Trinkgeschirre und alles was Anspruch auf Wert besaß und sich

bequem transportieren ließ, fand Gnade vor den Augen
der leicht zu befriedigenden Rothäute. Einige der Maro=
deure schritten von Leichnam zu Leichnam und ernteten die
Skalpe, deren Besitz die Ehre und den Ruhm eines roten
Kriegers unendlich vergrößert und seinen Namen berühmt
macht über das Land seines Volkes hinaus. —

Drei Stunden dauerte die Plünderung, dann rüstete
man zum Aufbruch. Die gefallenen Schwarzfüße hatte
man inzwischen feierlich zur ewigen Ruhe bestattet, die toten
Dakota hingegen ließ man unbeerdigt liegen, und kaum
hatten die Sieger das Schlachtfeld verlassen, so erschienen
die blutgierigen Raubtiere, fielen über die Leichname her
und sättigten sich von dem Menschenfleisch, welches hier in
so reicher Menge vorhanden war. —

Astor trennte sich noch auf dem Schlachtfelde von
seinen weißen und roten Freunden. Er und sein Weib
wollten noch einmal ihre ehemalige Wohnstätte aufsuchen
und sich dann weiter südlich eine neue Heimat gründen.
Sarah hatte diesen Wunsch ausgesprochen und zwar so
demütig bittend, daß Astor tief gerührt nachgab und selbst
in eine Trennung von Kolter, seinem besten Freunde,
willigte. — Der Abschied von all' den treuen Männern,
die zur Befreiung seines Weibes beigetragen, ging dem
biedern Trapper tief zu Herzen und die Stimme versagte
ihm, als er seine von der Sonne gebräunte Rechte
zum letzten Mal in die Hände Kolters, Jonathans und
Tatankas legte.

13. Kapitel.

Abrechnung.

Vier Tage waren nach jenem nächtlichen Kampfe vergangen und noch immer befanden sich die Schwarzfüße auf dem Wege nach ihren Heimatsdörfern.

Tatanka schlug mehr eine südliche Richtung ein, um den nach seiner Meinung noch auf dem Rückmarsche befindlichen Hiawatha abzufangen. Kolter und Jonathan, der sich dem alten, bewährten Waldläufer angeschlossen, folgten dem Sachem der Schwarzfüße und beabsichtigten, einige Wochen in den Wigwams ihrer roten Freunde zuzubringen. —

Am Abend des fünften Tages schlug der Reitertrupp in einem dichten Eichenhain sein Lager auf. Tatanka verbot seinen Leuten, Feuer anzuzünden und traf umfassende Vorbereitungen, um unliebsame Begegnungen und Angriffe feindlicher Indianer zu vermeiden. Man befand sich nämlich auf der großen Wildstraße, die, von Norden nach Süden führend, nicht nur von wandernden Bisonherden, sondern auch von jagenden und zu jedem Angriff bereiten Indianerhorden benutzt wird. Gerade diese Wildstraßen sind stark frequentiert und wehe den Bleichgesichtern oder Rothäuten, welche sorglos dahinziehen und die nötige Vorsicht außer acht lassen: Sie fallen unbarmherzig unter dem Tomahawk beute- und blutgieriger Prairieräuber. —

Kolter und Jonathan hüllten sich, nach eingenommener Mahlzeit, in ihre Decken und überließen sich sorglos dem

8*

Schlummer. Tatanka wachte ja, und wenn die Augen des klugen Sachem offen standen, konnte man sich getrost den Armen des Schlafgottes überlassen. —

Es mochte gegen Morgen sein, da fuhr Kolter erschreckt empor; denn eine Hand hatte seine Schulter berührt. Tatanka stand vor ihm.

„Mein weißer Freund erhebe sich, daß er nicht unter die Hufe der Büffel gerate!" sagte der Schwarzfußhäuptling, auf den Lauf seiner Büchse gelehnt.

„Alle Wetter, Sachem, was für eine böse Nachricht bringst Du uns da!" rief der alte Waldläufer besorgt und erhob sich. Nur einen Moment lauschte er nach Süden hinüber, dann schüttelte er den leise schnarchenden Jonathan und machte den noch halb schlaftrunkenen Yankee mit dem Ereignis bekannt.

„Wilde Büffel — tausend Hufe — tottreten — Rettung suchen?" entgegnete der Mann aus Connecticut verwundert einzelne Worte Kolters brockenweise wiederholend. „Will verdammt sein', wenn ich weiß, um was es sich handelt!" Und doch begriff er nur zu bald, daß sich eine gewaltige Herde Büffel dem Eichenhain nähere und daß für Menschen und Pferde die größte Gefahr vorhanden sei.

Die Indianer standen bereits neben ihren Rossen, die angstvoll an den starken Lederriemen zerrten, womit man sie an den Bäumen befestigt hatte. Die Tiere wären am liebsten hinausgestürmt in die Prairie, um einer Gefahr zu entgehen, welche ihr Leben bedrohte.

„Well, will verdammt sein, wenn sich das nicht anhört, wie brandende Meereswogen!" rief Jonathan, der nun auch, Kolters Beispiel folgend, zu seinem Rappen trat. „Ob's nicht besser ist, wenn wir alle insgesamt den Yankee-Doodle anstimmten, um das nahende böse Viehzeug zu verscheuchen?"

„Habe so etwas in meinem Leben nie versucht!" meinte Kolter belustigt. „Möglich, daß die wilden Vierfüßler vor dem amerikanischen Nationallied Respekt bekommen und eine andere Richtung einschlagen; aber vorläufig wollen wir unsere Haut sichern. Doch habe ich nichts dagegen, Jonathan, wenn Ihr es einmal mit dem Yankee-Doodle versucht wie weiland Euer Jackson in Connecticut. Die Wirkung wird schließlich dieselbe sein, nur daß es sich hier hinterher um zerstampfte Knochen handelt!"

Der alte Waldläufer postierte sich nach diesen Worten hinter einen starken Baum und hielt sein Pferd fest in den Zügeln. Sämtliche Indianer folgten seinem Beispiel, und auch Jonathan, der zum ersten Mal eine derartige Stampade durchmachte, suchte hinter einer starken, tief belaubten Eiche für sich und seinen Rappen einen sicheren Schutzort.

Von Süden her galoppierte die Büffelherde heran: Im Osten rötete sich bereits der Himmel, das baldige Erscheinen der Sonne verkündend. Auf der Prairie lagerte eine fahle Dämmerung, hinreichend genug, um die gefährlichen Tierleiber erkennen zu können. Zunächst nahten zehn bis fünfzehn zottige, dunkle Gestalten, die Vorläufer eines nach Tausenden zählenden Heeres, und dann folgte das Gros der Bisons, in dichtgedrängten Massen, Kopf an Kopf.

Die Erde erbebte unter dem wilden Galopp der gewaltigen Tiere, die, ohne einen Augenblick zu verweilen, durch den Wald brachen und alles zu Boden traten, was sich ihnen in den Weg stellte.

„Well, will verdammt sein, wenn einem nicht bei solcher Gelegenheit unwohl wird!" meinte Jonathan, griff in die Manteltasche seines Pferdes und stärkte sich aus ihrer Brandyflasche, die er in dem Dorfe der Dakota erbeutet und heimlich für sich zu retten gewußt hatte. „Bin eigentlich noch Temperanzler von früher her; aber ich denke, unter den gegenwärtigen Umständen muß selbst die strafende Stimme des Gewissens schweigen!" —

Einer der Büffel stürzte; die nachfolgenden ließen sich nicht abhalten, den Lauf zu unterbrechen: Sie setzten einfach über das wild um sich schlagende Tier hinweg und stießen nur ein unzufriedenes Gebrüll aus. Einige Bisons sprangen zu kurz und nun bildete sich ein Berg gestrandeter Tierleiber, der mehr und mehr an Ausdehnung gewann; denn jeder nachfolgende Vierfüßler, von hundert Kameraden zu gleicher Zeit geschoben und gestoßen, war, wenn er an diese Stelle kam, unrettbar verloren und versank in dem Fleischbrei, den tausend Hufe zusammengestampft.

Jetzt stimmte Jonathan den Yankee-Doodle an; aber die Melodie erstarb unter dem Getöse rings umher. Das Geäst der Gebüsche knackte, starke Bäume brachen unter der Wucht der Tiermassen und dazwischen erscholl das Angstgebrüll stürzender und sterbender Büffel. —

Erst nach einer halben Stunde lichteten sich die Reihen, und dann kamen nur noch die Nachzügler, die Matten, Kranken und Verwundeten, denen der Tod bereits im Herzen saß, aber die nicht zurückbleiben wollten. Ihnen folgten ganze Scharen von Wölfen, Marodeure, die sich sättigen von dem Fleische und Blute der Todeskandidaten. Gierig sprangen die hungrigen Bestien an den Büffeln empor und rissen den armen Tieren ganze Stücke Fleisch vom Leibe.

Ein alter Stier hatte ganz besonders von den Coyotes zu leiden. Jetzt konnte er nicht mehr; er blieb breitspurig stehen und starrte mit blutunterlaufenen Augen auf die vielen Feinde. Wohl ein Dutzend der frechsten Gesellen zermalmte noch sein Gehörn; aber dann erlag er dem Massenangriff und wurde zerfleischt.

„Verfluchtes Wolfsgesindel!" rief Jonathan ärgerlich und erhob die Büchse, um ihren Inhalt unter die gierig fressende Brut zu feuern; aber Kolter wehrte ihm:

„Ruhig, Mann! Seht Ihr nicht jene dunkle Linie auf der Ebene? Das sind jagende Rothäute, Pawnees oder wer weiß was für böses Gesindel." Der Alte unter= brach sich und blickte mit großen Augen auf die Prairie hinaus. „Bei allen Geistern der Unterwelt, das sind Da= kota!" rief er.

„Hiawatha!" stieß Tatanka hervor.

„Wahrhaftig, er ist es!" versetzte Kolter. „Es ist den Schlingeln gelungen, die Pawnees zu beschleichen und sich be= ritten zu machen! — Dort läuft der Falbe, der uns vor Zeiten gehörte und drüben jener Rappe zählte mit zu den besten Beutestücken, die uns an den Felsen zufielen. Ah, dort reitet Hiawatha mit seinem absonderlichen Kopf= putz, den man unter hundert Haartouren sofort heraus= kennt!" —

Arglos kamen die Wilden heran. Sie unterließen es, Kundschafter nach dem Eichenhain auszusenden, denn der Weg war, nach ihrer Meinung, durch die Büffel frei ge= worden. Immer mehr und mehr näherten sie sich dem Walde. Deutlich unterschied man die Konturen der Reiter und ihre wallenden Federbüsche. Da riß Hiawatha plötz= lich sein Pferd herum; er hatte unter dem Laubbache des Hains die Gestalt eines unvorsichtigen Schwarzfußes entdeckt.

„Zurück!" donnerte der Dakotahäuptling; aber sein Ruf war zugleich das Signal für seine Feinde: Rechts und links und überall brachen Scharen von Reitern aus dem Waldesdickicht und nun begann eine wilde Hetzjagd, ein Ringen und Kämpfen um Freiheit und Leben und ein Todesritt für viele. —

Nur zu bald war das Schicksal entschieden; denn aus der lebenden Mauer, welche die Schwarzfüße geschickt ge= schaffen, kam niemand mehr lebend heraus. Alle Dakota lagen erschlagen auf der Prairie; nur den gefürchteten Sachem hatte man geschont, um ihn daheim in den Dörfern des Stammes triumphierend zu zeigen. Jetzt stand er ge= fesselt an einem Stamme des Eichenhains, gebeugten Hauptes mit sorgenschwerer Stirn. —

Während die hungrigen Schwarzfüße einen der ge=
stürzten Büffel zerlegten und große Stücke Fleisch über
lodernden Feuern brieten, trat Kolter zu dem gefangenen
Dakota, stützte beide Hände auf den Lauf seiner Büchse und
sah lange auf das trotzige Gesicht des Häuptlings.

„Kommt das Bleichgesicht, um seinen gefangenen Feind
zu verhöhnen?" fragte Hiawatha verächtlich.

„Das sei ferne von mir, Sachem, daß ich einem vom
Unglück Verfolgten Kränkungen zufüge!" entgegnete der alte
Waldläufer ernst.

„Ja, Manitu hat mich und mein Volk schwer heim=
gesucht!" bekräftigte Hiawatha.

Über Kolters Antlitz flog ein tiefer Schatten.

„Du sprichst, als ob Dir die ganze Schwere Deines
Geschickes und das Deiner Stammgenossen bekannt sei,"
entgegnete er, „und doch befandest Du Dich viele Meilen
ab von dem Dorfe, in welchem das Unglück hauste, wild
und schrecklich. — Wir kommen aus Deinem Wohnorte,
Sachem!"

Ein klagender Laut entrang sich der Brust des schwer
getroffenen Häuptlings. Sein Kopf senkte sich und die
Augen schlossen sich, als sähen sie schreckliche Bilder von
Blut und Mord.

„Ich konnte Dir die Thatsache nicht ersparen, Sachem!"
fuhr Kolter fort. „Gottes strafender Arm erreicht die,
welche seine Gebote zurückweisen und verachten, und er
zerschmettert alle, welche Sünde und Unrecht thun!"

„Hiawatha hat nichts Böses gethan!" entgegnete der
Dakota und erhob trotzig das Haupt.

„Du sprichst die Unwahrheit, Sachem!" versetzte Kolter
streng und streckte seine Rechte gegen ihn aus. „Ihr
Indianer fühlt weder Mitleid noch Erbarmen. Fremdes
Leid läßt Euch kalt und die Thränen Eurer Mitbrüder,
gleichviel ob roter oder weißer Rasse, erweichen niemals
Eure Herzen. Ihr tötet mit roher Lust und freut Euch
über die Schmerzen, die Ihr hervorgerufen!"

Jonathan näherte sich den Beiden und blickte mit sichtlicher Neugierde auf den gefangenen Dakota.

Hiawathas Augen ruhten auf dem Yankee.

„Warum verbarg der große Zauberer, der mit Manitu zu sprechen versteht, seine Glieder unter die Kleidung eines Trappers?" fragte der neugierige Dakota.

„Dies Kind verband sich mit seinen Freunden, um das Weib des Fallenstellers aus Euren Händen zu befreien!" entgegnete Jonathan.

„Der weiße Zauberer lügt!" versetzte Hiawatha. „Hat nicht das Siebenratsfeuer das Weib des Trappers freigegeben? Warum griff das Bleichgesicht zur Büchse und richtete sie auf seine roten Freunde?"

„Und warum verfolgte Hiawatha die Bleichgesichter und belagerte sie in der Felsenhöhle?" stellte Jonathan seine Gegenfrage. „Nennst Du das Freundschaft, Sachem?"

„Hiawatha stellte nicht den weißen Brüdern nach; er wollte nur Tatanka, den Feind seines Stammes, haben!" entschuldigte sich der Häuptling.

Kolter legte die Rechte auf den Arm des Dakota.

„Sagte ich nicht vorher, daß Gottes strafender Arm alle die finde, welche Unrecht und Sünde thun?" sprach er. „Du hast ein böses Saatkorn gelegt, Sachem, und erntest nun die Früchte desselben. Warum tötetest Du Tatankas Vater und raubtest dem Schwarzfußvolke seinen hochverehrten Führer? Warum überfielst Du die friedliche Wohnung eines Trappers und nahmst ihm sein Weib? Warum endlich ließest Du vier tapfere Männer droben in der Felsenhöhle schrecklichen Hunger leiden? Meinst Du, jene Thaten entsprängen einem edlen Herzen? — Nein, Sachem, sie sind die Ausflüsse der Bosheit, des Neides und der Unversöhnlichkeit! — Frage nicht, warum wir weißen Männer die Büchsen gegen Dich erhoben; erkenne vielmehr Gottes strafende Gerechtigkeit, die Dein Volk zerschmetterte und Dir, dem verstockten Sünder, den Tod bringt!"

Eine lange Pause entstand. Hiawatha wandte den

Kopf. Er fand keine Entgegnung auf die Rede des Wald=
läufers; aber der haßerfüllte Blick, den er auf den vorüber=
gehenden Tatanka warf, legte Zeugnis ab von seinem
reuelosen, unversöhnlichen und Gottes Gerechtigkeit ver=
kennenden Herzen. Endlich kehrte er sich wieder den beiden
weißen Männern zu.

„Will mir nicht Eisenauge sagen, wie er und die
andern aus der Höhle entkommen sind?" forschte er. „Sie
besaß nur einen Eingang!"

„Sie besaß auch einen Ausgang, Sachem, und zwar
unter dem Spiegel des Sees am Ende des Ganges. Wir
entdeckten jenen Ausgang leider etwas spät!"

„Hugh!" machte der Dakota, dann senkte er das
Haupt zum Zeichen, daß er die Unterredung beendet wissen
möchte. — — —

Erst nach mehreren Tagen erreichten die Schwarzfüße
ihr Heimatsdorf und hier wurden sie von den Ihrigen
jubelnd empfangen.

Daß man den gefangenen Dakotahäuptling zu Tode
marterte, ist selbstverständlich, doch übergehen wir eine
Schreckensszene, welche den Abscheu jedes gebildeten Menschen
erregt, welche aber Zeugnis ablegt von der unversöhnlichen
Stimmung eines Naturvolkes, das den Segnungen des
Christentums auch heute noch überaus fern steht.

14. Kapitel

Herzensfrieden. — Schluß.

Es war Abend.

Noch lagerte leichte Dämmerung auf Flur und Wald und noch haftete das Abendgold auf Busch und Baum; aber nur zu bald verwandelte sich das Hellgrau des neigenden Tages in das Schwarzgrau der Nacht.

Auf einer kleinen Lichtung lag ein von hohem Pfahl= werk umspanntes Blockhaus. Ein schmales, krystallhelles Wasser spendendes Bächlein umschlängelte die Pallisaden, tauchte auch mehrere Male in die Besitzung hinein und sprang dann endlich lustig über einen felsigen Abgrund der grasreichen Niederung zu.

Die vom Abendgold umflossene Blockhütte, ein Stück Gottesfrieden in tiefer Waldeinsamkeit, mußte jeden Vor= übergehenden anheimeln und ihn, wenn auch nur zu einem kurzen Verweilen nötigen; denn das Fleckchen Erde mit seinem frischen Wiesengrün als dekorierenden Teppich und der prächtigen, buntfarbigen Blätterwand als Staffage konnte selbst das an Naturschönheiten gewohnte Auge be= friedigen.

Diesem Zauber vermochte sich auch nicht der Reiter zu entziehen, der soeben unter der Blätterwölbung der Baumgiganten auftauchte. Er hielt am Rande der Lichtung, legte den Zügel auf den Hals seines stark abgemagerten Rappen und stützte beide Hände auf den hohen Sattelknopf.

Droben in dem Wipfel eines Baumpatriarchen sang

ein Spottvogel seine phantaſtiſchen Weiſen und es ſchien, als müſſe er ſeine bezaubernden Strophen mit einmiſchen in das helle Menſchenduett, welches aus dem geöffneten Fenſterlein der Einſiedelei herüberdrang.

Der Fremde lauſchte, dann lächelte er ſtill vor ſich hin, wie jemand, der eine erfreuliche Entdeckung gemacht.

„Der David und die Sarah haben ſich vervollkommnet und es fließt wie Harmonie von ihren Lippen!" ſagte er laut vor ſich hin. „Ich habe den Yankee-Doodle kaum beſſer ſingen hören!"

Er horchte noch einen Augenblick, dann fuhren aus ſeiner Kehle ein paar rauhklingende Jodler, die denen da drinnen als die Drometen des jüngſten Gerichts erſcheinen mochten; denn der Geſang verſtummte und das kleine Fenſter ſchloß ſich mit lautem Geräuſch; ein Beweis von der Vorſicht der mit den Gefahren der Wildnis vertrauten Hüttenbewohner.

Der Fremde lachte wiederum ſtill vor ſich hin; denn er bemerkte ſehr wohl die zwei ſpähenden Augen, die ihm aus einem kleinen Guckfenſter unmittelbar neben dem großen eiſenbeſchlagenen Thor der Palliſaden entgegen leuchteten.

„Well, Sir, bin wirklich neugierig, wie lange Ihr ausgucken werdet, um einen alten Freund der Vergangenheit wiederzuerkennen?" rief er laut.

„Alle Wetter, das iſt ja Jonathan, der Mann aus Connecticut!" erſcholl es von drinnen und dann wurde die eiſenbeſchlagene Palliſadenthür aufgeriſſen und der Trapper Aſtor nebſt ſeiner Gattin, beide mit Büchſen bewaffnet, ſtürzten hervor.

„Beim Blute Chriſti, Mann, wo kommt Ihr her?" rief der Trapper fröhlich. „Und wo habt Ihr den Dritten unſers Trios, den alten, lieben Kolter?"

„Kolter iſt noch bei den Schwarzfüßen!" entgegnete Jonathan, deſſen Antlitz von dem früheren Ernſt viel verloren. „Er läßt grüßen und wird ſpäter einmal auf der

Farm hier vorsprechen. Dies Kind hier fühlte ein sehn-
liches Verlangen nach kultivierten, menschlichen Geschöpfen,
darum kam es hierher! Bin mit Mühe einer Horde gott-
loser Heiden entronnen, die mir ihre scharfgeschliffenen
Messer in den Leib zu stoßen gedachten.“

„Aber Mann, steigt doch ab und kommt hinter die
Pallisaden, wo es sich besser erzählen läßt!“ nötigte Sarah
und schon griff sie nach dem Zügel des Pferdes und führte
Roß und Reiter in den inneren Hofraum Dann sprang
sie schnellfüßig zur Hütte, um dem seltenen Gaste ein leckeres
Abendbrot zu bereiten.

Jonathan blickte dem schmucken Weibe lächelnd nach,
dann trat er neben den Hauswirt und legte ihm die Rechte
auf die Schulter.

„Sagt, Freund Astor, lebt Ihr jetzt glücklich?“ fragte
er voll Teilnahme. „Sind die zwei Herzen von ehemals
in ein einziges verschmolzen und herrschen Einigkeit und
Liebe unter Eurem Dache?“

„Gott sei Lob und Dank, ja!“ klang es hell und
freudig von des Trappers Lippen. „Wißt, Jonathan, es
giebt kein friedlicheres und zugleich glücklicheres Ehepaar
auf Erden, als wir beide, meine Sarah und ich!“ Er
haschte nach der Hand des Gastes und schüttelte sie lebhaft.
„Zu diesem Familienglück trugt Ihr ein gut Stück bei,
und das vergeß' ich Euch nimmer!“

„Well, Trapper, eine derartige Auffassung ist durchaus unrichtig,“ wehrte Jonathan ab. „Der Gang in das
Dakotalager verlief, wie Ihr wißt, resultatlos, und wenn
sich Eure Sarah änderte, so kommt das nur auf das Konto
der Herren Rothäute.“

„Sagt das nicht, Mann,“ versetzte Astor. „Mein
Weib hat mir selbst gestanden, daß Eure Reden sie tief ergriffen und daß sie Euer bekümmertes Antlitz nicht hat los
werden können. Doch nun kommt, Freund! Die Sarah
winkt und die Abendmahlzeit steht auf dem Tische!“

Nachdem der stark ermüdete Rappe des Yankees ein

Unterkommen gefunden, schritten die beiden Männer dem Blockhause zu, wo sie Sarah, auf der Schwelle verweilend, lächelnd empfing. — Jonathan ließ sich mit sichtlichem Behagen an dem schmucklosen, aber reich bedecktem Tische nieder, faltete seine Hände zu einem stillen Gebet und gebrauchte dann mit staunenswertem Eifer das ihm dargebotene Fleischmesser.

Und während er Bissen nach Bissen in den Mund steckte, erzählte ihm der Trapper von dem Glück seines Hauses, von dem Frieden seines Berufs und von der unwandelbaren Liebe seines Weibes.

Jonathan nickte befriedigt vor sich hin, dann sagte er:

„Glück, Frieden und Liebe, das ist ein artiger und schöner Dreiklang im Eheleben und wohl wert, daß man ihn festhält und fort und fort erklingen läßt zu einer harmonischen Melodie!"

„Das versteh' ich nicht recht!" versetzte Sarah und ihr Augenpaar hing dabei liebevoll an dem gutmütigen Gesicht ihres Gatten. „Ihre Rede klingt etwas gelehrt, aber sie kommt, das weiß ich, aus einem guten und aufrichtigen Herzen. — Mein David hat recht: Wir fühlen uns überaus froh und glücklich hier mitten in der Wildnis, viel mehr, als meine Zunge zu sagen vermag. Wir loben und preisen unsern Herrgott allabendlich und danken ihm in einfachen, schlichten Worten für seine Liebe und Barmherzigkeit, die er uns in so überreicher Weise darbietet!" — Sie lächelte still vor sich hin, dann fuhr sie fort: „Wir tauschen nicht mit den reichsten Leuten im Osten, nicht wahr, David? Wohlleben und Genußsucht aller Art mögen zeitweilig befriedigen, aber das echte, wahre Glück — die Ruhe und die Freudigkeit des Herzens vermögen sie nicht zu bringen. Wir beide sind „Eins," mein David und ich, und darin liegt der Schlüssel unseres Glücks, Herr!" fügte sie hinzu.

Jonathan blickte lange auf die hoch erglühende

Trappersfrau, endlich ergriff er ihre Hand und schüttelte sie gerührt.

„Für diese Worte, verehrte Lady, danke ich Ihnen von ganzem Herzen!" entgegnete er und aus seinem sonst so schwer ergründlichen Antlitz brach ein Strahl innerer Zufriedenheit. „Wo Mann und Weib „Eins" sind, da ist Gottes Wohnstätte; da waltet sein Segen und da giebts eitel Sonnenschein und Herzensglück!"

„Bei Gott, in unserm unscheinbaren Hüttchen ist wirklich lauter Sonnenschein, nicht wahr, Sarah?" rief Astor und ergriff die noch freie Hand seines Weibes.

„Ja, David!" entgegnete die Gattin freudig und erwiderte den Druck seiner Rechten.

„Gott züchtigt die, welchen er wohl will und stäupt die, welche er lieb hat!" schaltete Jonathan ein. „Darum hat sich auch das zeitweilige Unglück, das eine höhere Hand auf Eure Schultern legte, in Segen verwandelt!"

Druck von A. Seybel & Cie., Berlin C., Neue Friedrichstraße 48.